AF607106

Duelo e Inteligencia Artificial

José Carlos Bermejo

Duelo e Inteligencia Artificial

Desclée De Brouwer

Henao, 6 - 48009 Bilbao
www.edesclee.com
info@edesclee.com

Impreso en España – Printed in Spain
ISBN: 978-84-330-3954-5
Depósito Legal: BI-697-2025

Índice

II
Impacto de la pandemia en el duelo

III
Claves éticas sobre duelo y digitalización

Introducción

Sí, claro, me asusta.

Mi propio título: *Duelo e inteligencia artificial*, me asusta.

Me asusta sin ser yo asustadizo en lo que tiene que ver con la técnica, la tecnología y sus aportaciones. Porque, en principio, doy la bienvenida a todo lo que, siendo resultado de la inteligencia humana, somos capaces de crear para facilitarnos la vida, simplificar los procesos y agilizar el acceso a la información.

La inteligencia artificial, galopante entre los que vivimos en este momento histórico, es vista por la mayor parte de la gente como un instrumento más. Son muchos los que no se plantean sus límites ni sienten la urgencia de leyes que la regulen y, mucho menos, éticas que la piensen y la sometan al discernimiento. La fascinación tecnológica, a buena parte de la ciudadanía, le hace más torpe en el pensar y en el hacerse la pregunta por el bien y el mal –la ética–, equiparando lo que es posible con lo que es bueno.

Diseñada para ayudar al ser humano con la resolución de algunos problemas y tareas del día a día (baste pensar en la navegación con los mapas de nuestros coches), algunas personas están utilizando las posibilidades que ofrece para recrear y conversar con seres queridos que fallecieron, para buscar consuelo en el desahogo del duelo, para crear hologramas que pseudo-remplacen al ser querido fallecido.

Todo empieza por la permanencia digital de nuestros seres queridos fallecidos en el ciberespacio, dando paso al papel mediador de la tanotecnología. No hace mucho, un célebre autor de teología, durante su estancia en la Unidad de Cuidados Paliativos San Camilo, del Centro que dirijo, terminó uno de sus trabajos literarios pendientes y lo publicó ágilmente, antes de fallecer, con el título: *"Non Omnis moriar"*. *Non omnis moriar* es una expresión latina que nos ha llegado a través del poeta Horacio. Podemos traducirla como 'no moriré del todo', o bien, 'no todo lo que soy desaparecerá' y, en su sentido hegemónico, hace referencia a la inmortalidad del alma. Pero también es interpretable desde perspectivas tan mundanas como la memoria, por los recuerdos e influencias que dejamos a nuestro paso; la comunicación, por las historias transmitidas a través de la tradición oral; e incluso los restos físicos, porque permanecen y requieren un ritual funerario que proteja la psique y las emociones de nuestros seres queridos. Al día de hoy, y por lo que nos interesa en este trabajo, decimos también: con el mundo digital *"non omnis moriar";* dejamos un rastro digital "vivo" tras nuestra muerte.

Parece que fue ayer. Recuerdo perfectamente el vuelo Madrid-Roma, Iberia 3236, que era tan familiar para mí. Era el 2 de noviembre y domingo, y la azafata me ofreció con una gentileza inusual, los periódicos del día, diciéndome que había artículos muy interesantes. Y así me encontré con el mundo del duelo digital, para mí desconocido hasta entonces.

Por aquellos tiempos, no podía imaginar que un virus, meses después, generaría una situación en la que tantos aspectos del duelo, encontrarían una expresión relevante en el mundo digital. El mundo se pararía, las fronteras de todo el mundo se cerrarían, dejarían de volar los aviones, circular los trenes, los autobuses... Se cerrarían todos los lugares de encuentro cultural, de ocio, de formación, y, por tanto, también los lugares de condolencia por la muerte de una persona: los tanatorios. Y el mundo digital se potenciaría a la velocidad de la luz en torno a los dolientes.

Me sorprendió lo de "más de 30 millones de muertos en Facebook", lo de los códigos QR en las lápidas para escanear y algo así como decir: "Lázaro, sal fuera" y encontrarse en el móvil con fotos, audios o videos de la persona enterrada. Me sorprendió lo de los *selfies* en los funerales para "compartir los sentimientos con los amigos" y aquello del legado digital y las empresas fúnebres que gestionaban el *post mortem* virtual. Quedaba ya lejos el argumento de la película *Mi vida sin mí*, que planteaba la posibilidad de dejar una herencia de grabaciones de cintas para que los seres queridos pudieran escuchar tras la muerte de la protagonista.

Por entonces, no se hablaba tanto de espacios de conmemoración, ni había salido todavía el episodio de *Blak Mirrou* titulado "ahora mismo vuelvo", que presenta la ficción de recuperar la relación con un ser reconstruido con la huella digital, primero por e-mail y luego en forma de androide.

Ha sido más tarde cuando me ha llegado una consulta sobre mi opinión acerca del influjo sobre el doliente de una eventual transformación de los restos humanos en *compost* para plantas, que se podrían recibir un año después del fallecimiento, y que recibe el nombre de *humusation*.

Y más reciente para mí aún es la creación de comunidades virtuales para el duelo, o la posibilidad de reencontrarse con el ser querido fallecido gracias a un modelo 3D creado para visualizarlo mediante gafas y guantes especiales que permiten ver y tocar al fallecido e interactuar con él mediante la reconstrucción virtual del rastro digital y de las características de familiares próximos.

En el año 2016, junto con mis compañeras Marisa Magaña y Marta Villacieros, estudiamos lo que nos habíamos empeñado ya en llamar "pulgas del duelo", resultando que entre los factores que complican la elaboración del dolor por la pérdida de un ser querido (pulgas), uno de ellos es, precisamente, el manejo del mundo digital. Los resultados arrojaban un 15-20% de acuerdo con las posibles prácticas que fomentan formas de supervivencia o inmortalidad virtual, siendo la mayoría las personas que consideraban que no ayudan a realizar el proceso saludable del duelo.

En 2020 hice un trabajo sobre esta temática del duelo y el mundo digital, centrado en la situación concreta de la pandemia, que nos llevó a utilizar los posibles digitales para ritos y celebraciones, cuando el tanatorio "seco" era la propia casa, sin abrazos ni lágrimas a la vista, poco después de que Jean Allouch planteara su corrección al psicoanálisis con *Erótica del duelo en tiempos de la muerte seca*, en 2009.

Ahora, leyendo en el 2025, me doy cuenta de que las cosas van deprisa y hasta dudo de que los resultados de un cuestionario semejante al de hace 5 años, arrojara resultados similares. La generalización del uso de las nuevas tecnologías de la información y las redes sociales digitales en la vida cotidiana de las personas, va abriendo posibilidades como "cementerios virtuales", "cuentas *in memoriam*", "testamentos virtuales", "ritos cibermortuorios", "obituarios virtuales", posibilidad de "recrear" a los difuntos en el mundo digital para interactuar con ellos, etc. Estamos en un nuevo momento que expresa una nueva visión de la muerte, mediada cada vez más por la tecnología informática e internet y es indicativo de la creciente necesidad de generar nuevos modos de pensar e imaginar la muerte en la era digital.

En tiempos de pandemia por coronavirus, el uso de todas estas posibilidades cambió significativamente, no solo aumentando, sino tomando otro sentido, al ser, en parte, el único modo de intercambiar condolencias, debido al cierre de tanatorios y prohibición de ritos fúnebres y de encuentros de más de unas pocas personas.

En un mundo de ordenadores, *smarphones* y *tablets*, vivir al margen del mundo digital es realmente difícil. La realidad de la muerte no puede ignorar el papel que cumplen estos elementos esenciales de la cibercultura en la experiencia con cuanto rodea a la muerte. Este mundo digitalizado va tan deprisa que no quiero pensar que cuando estas páginas vean la luz, se hayan quedado viejas, pidan enseguida una actualización, debida a las novedades ahora insospechadas.

I

Duelo y mundo digital

Lo digital es tan real que puede marcar mucho nuestras vidas. Puede ocupar tanto tiempo... o incluso ser lo que más tiempo ocupa en la cotidianeidad de una persona. Lo virtual es una forma de nuestra realidad.

Nuestros abuelos se habrían reído de nosotros si les hubiéramos contado que, con una cajita en las manos, nos comunicábamos con muchas personas a la vez, nos veíamos, nos mandábamos fotos, música... Y que incluso así "íbamos al entierro" de una persona. Nos habrían dado por locos.

En la generación actual, vivimos con mucha energía puesta en esta dimensión, en estas coordenadas. Trabajamos con la conexión, intimamos con la conectividad, participamos de nuestro dolor en un extraño espacio en el que nos parece vivir y controlar una forma de estar y de ser.

En las páginas que siguen, exploramos diferentes vínculos que tiene este mundo digital –real– con el duelo. El sufrimiento que experimentamos con ocasión de la pérdida de un ser querido y de cualquier cosa, entra en el mundo virtual de diferentes maneras. La posibilidad de ayudarnos también.

Antes de que los ritos y los encuentros en los tanatorios fueran prohibidos temporalmente por pandemia, por razones de salud pública, ya existían los velatorios electrónicos, las cuentas *in memoriam,* los cementerios virtuales, las prácticas de *selfis* vinculadas con el morir y la muerte, los códigos QR en las lápidas, las expresiones colectivas de solidaridad en duelos de alto impacto social...

Haremos un breve recorrido por estas realidades que, sin ser pensadas, pueden seguir un cauce incontrolado, compulsivo. La evolución de la tecnología tiene sus leyes de mercado, no siempre sus leyes de humanización. Está claro que el mundo digital puede generar un gran bien para la humanidad, nos puede permitir una cultura de encuentro, conocimiento, relación. Puede ayudarnos a vincularnos saludablemente con altos potenciales de conexión. Pero solo será así si lo impregnamos de los valores más genuinamente humanos.

Como el agua sin cauce sigue su curso según la geografía del entorno, también las tendencias en el uso de las tecnologías irán por su propio cauce, no necesariamente humanizado. Apuesto por una reflexión sobre las posibilidades que nos ofrecemos a nosotros mismos con la tecnología, para no estar al servicio de leyes descontroladas que llevaran a pensar que toda nueva posibilidad en el mundo digital es, por sí misma, valor añadido.

1

Inteligencia artificial y duelo

He hecho una experiencia nueva para mí. He consultado ChatGPT[1] sobre inteligencia artificial y duelo, y me suministra la información que sigue:

"La inteligencia artificial está empezando a desempeñar un papel significativo en el apoyo a las personas en duelo. Aunque es un campo en desarrollo, hay varias formas en las que la inteligencia artificial puede contribuir a este proceso:

1. Asistentes virtuales y *chatbots*: Estos programas pueden proporcionar apoyo emocional a las personas que están atravesando un duelo. Pueden ofrecer conversaciones empáticas, recordar buenos momentos y proporcionar recursos útiles sobre el manejo del duelo.
2. Análisis de patrones emocionales: La inteligencia artificial puede analizar grandes volúmenes de datos de texto o voz para detectar signos de angustia emocional y ofrecer intervenciones personalizadas. Por ejemplo, pueden identificar cuándo una persona necesita apoyo adicional y sugerir que se comunique con un profesional de salud mental.

---

1. ChatGPT consultado en julio de 2024.

3. Aplicaciones de terapia y bienestar: Existen aplicaciones basadas en inteligencia artificial que ofrecen terapia cognitivo-conductual y otras técnicas terapéuticas para ayudar a las personas a procesar su duelo. Estas aplicaciones pueden guiar a los usuarios a través de ejercicios de reflexión y relajación, ayudándolos a manejar su dolor.
4. Realidad virtual y aumentada: Algunas tecnologías de inteligencia artificial están siendo usadas para crear experiencias de realidad virtual o aumentada que pueden ayudar a las personas a decir adiós a sus seres queridos de manera simbólica, lo que puede ser una parte importante del proceso de duelo.
5. Soporte en comunidades online: Plataformas de redes sociales y foros en línea, potenciados por inteligencia artificial, pueden conectar a personas en duelo con comunidades de apoyo, permitiendo que compartan sus experiencias y obtengan consejos de otros que han pasado por situaciones similares.
6. Memorialización digital: La inteligencia artificial puede ayudar a crear memoriales digitales personalizados para honrar y recordar a los seres queridos. Esto puede incluir la creación de videos, álbumes de fotos, y otros recuerdos digitales que las familias y amigos pueden compartir. A pesar de estos avances, es crucial recordar que la inteligencia artificial no puede reemplazar el apoyo humano. La empatía, el entendimiento y el contacto humano son insustituibles, especialmente en momentos de duelo. La inteligencia artificial debe ser vista como una herramienta complementaria que puede ayudar a mejorar el

acceso y la calidad del apoyo emocional, pero siempre en combinación con la intervención humana profesional y el apoyo de seres queridos".

Parece interesante levantar acta de los potenciales actuales y cabe pensar que son inimaginables los futuros. No hacemos aquí una valoración ética global, ni una descalificación sistemática de las posibilidades. Sin embargo, como el mismo ChatGPT dice, "la empatía, el entendimiento y el contacto humano son insustituibles, especialmente en momentos de duelo".

Consultado del mismo modo, unos meses después, la misma aplicación abunda más sobre las consideraciones éticas en torno a la privacidad y manejo de datos personales, y el impacto emocional, sobre el que dice: ¡La interacción con avatares digitales puede ser terapéutica para algunos, pero para otros podría dificultar el proceso de aceptación de la pérdida".[2]

Una valoración personal, en todo caso, parece que es debida por cada quien, para humanizar el uso de la tecnología, centrado siempre en las personas. Paradójicamente, y por primera vez en mi vida, he preguntado (perdóneseme el tono eventualmente narcisista), lo que piensa José Carlos Bermejo sobre el uso de la inteligencia artificial en el duelo y, tras presentarme, correctamente, desde esa parte del *curriculum* vinculada con la temática, dice:

"Con base en su enfoque, es probable que Bermejo vea la inteligencia artificial en el duelo como una herramienta útil, pero complementaria. Podría destacar que:

2. ChatGPT consultado en diciembre de 2024.

1. Complemento, no sustituto: La inteligencia artificial puede ofrecer apoyo adicional y recursos útiles, pero nunca debe reemplazar el contacto humano y la intervención profesional en el acompañamiento del duelo. La relación interpersonal y el apoyo emocional directo son insustituibles.
2. Humanización de la tecnología: Para que la inteligencia artificial sea efectiva en el acompañamiento del duelo, debe diseñarse y utilizarse de manera que respete y promueva la dignidad humana. Esto implica que las interacciones con la inteligencia artificial deben ser empáticas y personalizadas.
3. Cautela en el uso: Bermejo podría abogar por una implementación cuidadosa y ética de la inteligencia artificial, asegurándose de que no se utilice de manera deshumanizadora o que promueva una dependencia excesiva en la tecnología a expensas de la interacción humana.
4. Formación y sensibilización: Es probable que enfatice la necesidad de formar a los profesionales de la salud y el cuidado en el uso adecuado de estas tecnologías, asegurando que comprendan sus limitaciones y potencialidades.

En resumen, José Carlos Bermejo probablemente apoyaría el uso de la inteligencia artificial como una herramienta complementaria en el duelo, siempre que se utilice de manera ética y humanizada, y no reemplace el valioso apoyo humano que es fundamental en estos procesos"[3].

Por paradójico que pudiera parecer, efectivamente, a día de hoy, creo que podría ordenar mi pensamiento de esta forma en la que lo ha hecho ChatGPT, añadiendo en torno a la cautela

3. Consulta realizada a ChatGPT en julio de 2024.

los posibles riesgos que podamos correr cuando el propio "sistema" –o inteligencia generativa– realice procesos que no respondan a lo solicitado o esperado por el ser humano; es decir allí donde pudiera emerger una pseudovoluntad o iniciativa que no responda al manejo humano de solicitud de ayuda a la inteligencia artificial.

De igual modo, cabe decir que se hace necesaria una extrema prudencia en el manejo de la privacidad entregada a la red sobre la propia experiencia de duelo. No sería de menor importancia cuanto pudiera tener que ver con la adicción y el uso de la inteligencia artificial, en una situación tan vulnerable como es la de quien ha perdido por fallecimiento a un ser querido y sufre por ello. Hay que tener en cuenta que la eventual adicción pudiera también tener una repercusión económica importante.

No falta quien dice que la humanización progresiva de las máquinas puede llevar a una deshumanización progresiva de los humanos.[4] Cada vez se hace más legítima la cuestión de si algún día los *robots* podrán ser considerados "personas" o seres con derechos. Lo cierto es que las máquinas pueden generar en los usuarios percepción de empatía positiva (comprensión, altruismo), aunque también negativa (esconder malicia o, cuanto menos, sesgos).

4. Novo, A., *Posibilidades y desafíos de la inteligencia artificial para la teología*, en: Corintios XIII, 190, 2024, 70.

2

Cuentas *in memoriam*

Las empresas que venden productos y servicios en la red no siempre han incluido, en su estrategia inicial, la conciencia de la finitud humana y la muerte. Eso hace, entre otras cosas, que en numerosas bases de datos de personas que mantenemos vínculos con proveedores de servicios, nos mantengamos mezcladas con las que ya fallecieron. Dicho de otro modo, que vivos y muertos estén juntos y sean tratados e identificados de la misma manera.

Alguno "grande", como Facebook, creó en 2009 un tipo especial de cuentas *in memoriam* o conmemorativas, pensadas para que los familiares y amigos del difunto puedan seguir dejándole mensajes después de muerto.

Las cuentas conmemorativas proporcionan un espacio para que amigos y familiares compartan recuerdos de un ser querido que ha fallecido. Además, una vez que una cuenta se convierte en conmemorativa, nadie puede iniciar sesión en ella, lo que la hace más segura. En Facebook y en Instagram se puede designar a una persona conocida como "contacto de legado" en el momento en que el interesado crea la cuenta. La persona designada como "contacto de legado" se encarga de la cuenta conmemorativa en el caso de fallecimiento. Según la configuración de privacidad de la cuenta, los amigos pueden compartir recuerdos en la biografía conmemorativa. Si un amigo fallece, alguien conocido de Facebook puede convertir su cuenta de Facebook en conmemorativa. Las cuentas conmemorativas no aparecen en anuncios, recordatorios de cumpleaños ni como sugerencias de "Personas que quizá conozcas".

Algunos estudios sobre Facebook señalan que para el año 2069 habrá más perfiles de personas muertas que vivas, por lo que el desafío de adaptación y el mundo de las "cuentas memorativas" o tumbas digitales, es importante. La red será, además de vivos, un cementerio.

Facebook ofrece, de este modo, una forma de homenajear la memoria de las personas fallecidas, mediante perfiles conmemorativos en los que se pueden guardar y compartir recuerdos, relatos, experiencias... de los que ya no están. Son perfiles que se convierten en una especie de "velatorio electrónico ilimitado" que se extiende a lo largo del tiempo.

Una de las sensaciones que se producen es que el hecho de que la cuenta siga activa genera un sentimiento de presencia de la persona fallecida, que incita a algo así como a comunicarse con ella. El muerto, de alguna manera, sigue estando ahí, bajo la forma de una imagen y una biografía que recibe visitas y comentarios y que se actualiza periódicamente mediante una narrativa producida por los demás, que se convierten en una especie de biógrafos, a diferencia de las cuentas de los vivos, donde uno mismo es el propio autobiógrafo.

Si ser es *narrarse*, como decía Paul Ricoeur, ser es también *ser narrado* a través de los relatos de otros. En la red, después de la muerte, en estas cuentas *in memoriam*, somos narrados. La tumba digital adquiere una función diferente de la tumba del cadáver biológico. En la digital, este medio de rendir homenaje y visitar, es el mismo que utilizamos los internautas para movernos, socializar y comunicarnos cuando estamos vivos. Digamos que no es el lugar donde "descansa en paz", como nos expresamos habitualmente, sino el lugar donde se interactúa y se visibilizan las personas y se definen las identidades. Es un lugar-no-lugar, donde la imagen está congelada, donde no hay putrefacción, sino embellecimiento de la imagen, idealización del difunto.[5]

Las redes sociales se convierten, mediante las cuentas *post mortem* memoriales en espacios *tecnoespirituales* en los que las identidades de los fallecidos son producidas intersubjetivamente a partir de las contribuciones de los familiares y amigos que lo proyectan. Una forma de altar-homenaje[6] de la gente que se añora, no necesita de sacerdotes ni ritos con presencia física y palabras que nos representen, sino que da espacio a las propias y es accesible desde la intimidad del propio ordenador.

El muerto pervive gracias a las redes digitales y los sistemas telemáticos, así como gracias a los relatos de sus amigos que generan socialización con ocasión de la muerte y el recuerdo.

---

5. Bermejo, J.C., *Duelo digital y coronavirus*, Desclée De Brouwer, Bilbao 2020.
6. https://corio.es/2019/05/13/muerte-digital/

3

Velatorios virtuales

Hacer velatorios virtuales se ha convertido en una nueva modalidad cada vez más solicitada. Es una nueva forma con la que las personas pueden despedirse de su familiar y requiere de ciertos elementos técnicos que deben cuidarse para poder ofrecer un servicio acorde al esperado.

Por ejemplo, contar con asistencia psicológica y un correo electrónico pueden ser dos elementos para complementar en la oferta de este nuevo tipo de servicio funerario. Es una nueva forma para ofrecer todo lo necesario para seguir brindando una solución óptima, teniendo en cuenta la situación de cada persona.

Las claves para hacer funerales virtuales se basan en lograr que ese momento tan duro para una persona resulte lo más llevadero posible. El motivo es que se brinda una experiencia ideal mediante la cual pueden decir adiós a ese ser tan especial en aquellos casos en que, por diferentes motivos, la persona no puede acudir físicamente al lugar, o porque no se desea hacerlo.

Uno de los elementos que se tienen en cuenta cuando nos preguntamos cómo hacer funerales virtuales, es contar con un sistema de transmisión en vivo que incluya cámaras y micrófonos. En los funerales a distancia se integra al personal, la presencia de un pastor o algún intérprete que cante al momento del acto de velación, a fin de poder permitir que la experiencia resulte lo más cercana a la forma habitual en lo posible.

Existen diferentes opciones para transmitir un funeral de manera virtual. Es posible hacer transmisiones en vivo a través de las redes sociales o la opción de crear un sitio web para la empresa y ofrecer la transmisión directamente desde ahí.

Así mismo, es posible añadir una sección donde se puedan compartir mensajes de apoyo de parte de quienes asisten al funeral de manera virtual, pudiendo permitirles publicar sus condolencias de manera online.

Estos nuevos avances tecnológicos solo representan un pequeño cambio, pues la esencia de saber cómo hacer funerales virtuales es la misma que la de un funeral tradicional: prestar un servicio profesional y de calidad. Esto es lo que se plantean las empresas prestadoras de este servicio.

En el caso de los servicios funerales, la profesionalidad implica atender todas las dudas de los familiares, mostrar empatía y actuar con la inteligencia emocional suficiente para llegar a un acuerdo conjunto, según dicen las empresas funerarias.

Servicios de arreglos florales, publicación del fallecimiento en el periódico o la gestión del certificado de defunción, pueden ser servicios que pueden incluirse en la propuesta de funeral online.

En otro orden de cosas, las funerarias presenciales están incorporando las pantallas digitales para modernizar sus espacios, personalizando la atención y mejorando significativamente la experiencia para las familias en duelo. Las pantallas suelen recoger imágenes del difunto, así como informaciones que refuerzan el recuerdo positivo y el significado particular de la vida del fallecido.

Con todas estas prácticas, podemos decir que la muerte, en efecto, para quien no se muere todavía, se digitaliza. No así para el moribundo que, en el mejor de los casos, lo hará más confortablemente, si tiene el lujo de acceder a los recursos de cuidados paliativos.

En los últimos años, con la práctica de los velatorios digitales, los ritos mortuorios están caracterizados por una progresiva simplificación, privatización, disimulación, reducción o incluso desaparición. La vida urbana, con sus exigencias relativas al tiempo, el espacio, la rentabilidad y el lucro, y la reducción de la familia al grupo formado por la pareja y sus hijos, han modificado apreciablemente los ritos de antaño.

Encontramos ritos simplificados que se limitan a reunir a algunos amigos íntimos para orar en común, otros que se han vuelto obsoletos (como el acompañamiento del moribundo y el prolongado velatorio del cadáver), y otros que han sido sencillamente prohibidos, como el paso del cortejo fúnebre por el centro de la ciudad. En una sociedad dominada por una creciente aceleración de los ritmos de vida, el propio rito mortuorio queda reducido a su mínima expresión, de forma que el tiempo de duelo se acorta, las señales públicas se difuminan y ni las casas ni los cuerpos se visten ya de negro.

Surge entonces un nuevo tipo de muerte estrechamente vinculada a una sociedad que ya no tiene pausas y en la que todo sigue como si nada muriese. Ya nada señala en la ciudad que ha pasado algo: el antiguo coche fúnebre negro y plata se ha convertido en una banal limusina gris, insospechable en el oleaje de la circulación. La consecuencia de todo ello es que los actos ligados a la muerte dejan de ser una manifestación pública de la despedida y una lenta digestión compartida del dolor por la pérdida para convertirse en un acto de trámite –'hoy vamos de entierro'–, lo cual resta eficacia al rito y enmascara y reduce la muerte a un hecho altamente mecanizado, reglamentado y profesionalizado. Es el espacio abierto a la digitalización del duelo y sus manifestaciones.

No. No hay muerte en el mundo digital. La muerte es siempre carnal, siempre húmeda, pero la estamos haciendo seca. A pesar de esta progresiva simplificación de los ritos mortuorios durante los últimos años, los ritos no han dejado de existir, y se manifiestan actualmente bajo nuevas formas.

En la era del teléfono móvil y el correo electrónico, la muerte es una de las escasas ocasiones en las que la familia del difunto recibe una gran cantidad de misivas manuscritas que inscriben el hecho en un marco social amplio.

En efecto, el advenimiento de Internet y las nuevas tecnologías de la información han traído consigo nuevas formas de comunicación de la muerte y de socialización en torno a ella. Hoy en día, a través de *chats,* foros, *blogs,* mundos virtuales, o redes sociales, viudos, amigos y parientes abren y gestionan espacios digitales que rinden homenaje al difunto y lo dotan de actualidad.

Esta tendencia puede rastrearse desde los primeros días de Internet, donde ya existían sitios web en forma de "cibermemoriales" o "cementerios virtuales". Tales sitios, sin embargo, eran espacios fundamentalmente pasivos donde existía muy poca posibilidad de interacción por parte del usuario, según la lógica unidireccional propia de la Web 1.0. Con la llegada y generalización del nuevo paradigma de la Web 2.0 (o "Web social") y su énfasis en la conectividad y la sociabilidad entre usuarios, este tipo de espacios dedicados al culto a la muerte, adquieren un carácter más relacional, dinámico y flexible.

Aparecen incluso espacios originalmente no pensados para este uso, pero que se convierten en nuevos lugares para rendir culto a los muertos, como *blogs*, redes sociales o mundos virtuales.

Estos y otros espacios accesibles desde Internet han propiciado una especie de retorno digital de la muerte, o su reactualización, que va en contra de la lógica moderna de rechazarla, simplificarla, invisibilizarla y desocializarla. Los familiares, amigos o amantes vuelven a ocuparse del fallecido y a elaborar un culto por su muerte de un modo simbólico y afectivo. La muerte no se oculta, no se la expulsa a hospitales y cementerios, sino que se exhibe públicamente, se comparte colectivamente, como se hacía en otras épocas. Al contrario de la tendencia de las sociedades occidentales a reprimir y limitar la expresión de dolor, a dominar y regular los sentimientos ante la muerte (como hacemos, por ejemplo, en el velatorio), en las redes digitales todo el mundo es capaz de expresarse y manifestar públicamente su desconsuelo.[7]

Tradicionalmente, el duelo por la persona fallecida no solo afectaba a sus familiares y parientes más cercanos, sino a todos los miembros de la comunidad. Con el tiempo, sin embargo, el duelo por la muerte de un ser querido empezó a experimentarse como un sentimiento individual y aislado que no se enmarcaba ya dentro de la colectividad. Pero las nuevas tecnologías digita-

7. MÁRQUEZ, I., *Muerte 2.0: pensar e imaginar la muerte en la era digital*, en Andamios, vol. 14, nº 33, Ciudad de México, ene/abr. 2017, en: https://www.scielo.org.mx/scielo.php?script=sci_arttext&pid=S1870-00632017000100103

les parecen estar cambiando esto, y por medio de comentarios, imágenes, videos y canciones publicados y compartidos digitalmente, devuelven al muerto a la comunidad. Por medio de este tipo de interacciones digitales, la muerte se comparte públicamente, se socializa, y el muerto retorna digitalmente al mundo de los vivos, y comparte espacio con ellos.

La función de toda esta actividad online es similar a la de un ritual funerario tradicional, en el sentido de que este debe tener por función la socialización de la pérdida, hacerla pública y participativa a la comunidad que abandona el difunto. Representará la ruptura mediante actos de homenaje al difunto que sacralicen la despedida. Como representación dramática, deberá contar con elementos que permitan mostrar el dolor a través de los símbolos del luto favoreciendo la catarsis, la expresión emocional del sentimiento de pérdida.[8]

---

8. Allué, M., *La ritualización de la pérdida*, en: Anuario de Psicología, 1998, vol. 29, n. 4, 67-82.

4

Tumbas y cementerios virtuales: memorialización con imágenes

En la era de los medios, como venimos diciendo, se produce un progresivo incremento de la representación de la muerte y el duelo a través de la imagen *online*. En la era de los medios de comunicación, la muerte está en todas las partes, en las noticias, en la ficción, y de manera muy especial, en las prácticas sociales y conmemorativas de internet.

La práctica de compartir imágenes digitales de los dolientes, tiene una aceptación considerablemente positiva. La imagen se convierte en una herramienta de conexión, de comunicación y en una forma de dar presencia al ser querido fallecido. El acto fotográfico deja de tener una finalidad más íntima, familiar y de recuerdo. La imagen digital deja de ser portadora solo de memoria, y pasa a ser empleada para ofrecer la visibilidad que muchas personas necesitan o desean dar del duelo propio. La imagen del difunto se hace mediadora del duelo.

El número de páginas y perfiles conmemorativos incrementa año tras año y es considerado, cada vez más, una herramienta de afrontamiento de la pérdida.

Quienes comparten imágenes del difunto, convierten el archivo familiar en algo recontextualizado y reinterpretado.

Las galerías memoriales conjugan un nuevo modo de mirar al difunto enfocado en el hecho de la pérdida y el duelo. Al publicar imágenes, el doliente obedece al deseo de visibilización, con una clara intención de rendir homenaje al difunto y perpetuar su recuerdo a la vez que visibilizarse a sí mismo como doliente, siendo reconocido como tal y mostrando sus comentarios o deseo de encontrar consuelo y apoyo social. El que publica fotos, muestra su necesidad de hacer real no solo la vida del ser querido, sino la propia pérdida.[9]

Lo más frecuente es compartir imágenes con el muerto presente, pero vivo. Más raro es difundir imágenes con el cadáver, pero es también una práctica. Algunas empresas fúnebres ofrecen el servicio de grabar las exequias o el funeral y ponerlo al alcance del mundo virtual en directo y en diferido. Las imágenes más utilizadas son familiares, relacionadas con el protagonista, que es el fallecido, que se presenta normalmente en momentos de ritos de transición (nacimiento, cumpleaños, boda...), así como en momentos de socialización, como fiestas o momentos en que el ser querido estaba en escenarios públicos, además de momentos de vacaciones. De este modo, es más frecuente encontrar fotografías con semblante sonriente como expresión también de una voluntad de representar al ser querido con una imagen positiva.

En efecto, una característica del mundo fotográfico digital del duelo es que los dolientes reconstruyen y proyectan una imagen ideal, positiva, en la que normalmente se refuerza la dimensión social del difunto, su vinculación con otras personas, particularmente relevantes o numerosas. Se subraya así la rele-

---

9. Morcate, M., *Tipologías y re-mediación de las imágenes de muerte y duelo compartidas en la memorialización online,* Revista M, Río de Janeiro, v.2, n.3, jun. 2017, 30-44.

vancia del ser querido fallecido y su lugar en el mundo de roles y relaciones significativas. Se combate el olvido y, de alguna manera, se niega la muerte.

Fotografiar un difunto puede suponer algo brutal, frío e incomprensible, mientras que para el doliente que lo practica, se convierte también en un ritual cargado de sentido que le servirá como herramienta para asumir la muerte y superar el duelo por la pérdida. El propietario de la imagen es el doliente, el que se niega a olvidar. Los auténticos protagonistas de las fotografías de difuntos son los dolientes. Hoy se rechaza menos esta práctica en cuanto que todos estamos acostumbrados a contemplar cadáveres en la televisión. Como práctica, la fotografía *post mortem* es un género que, tras haber tenido su época álgida y popular en la segunda mitad del siglo XIX, se recupera en el siglo XXI.[10]

Los cambios sustanciales de la fotografía *post mortem* en el siglo XXI, bajo apariencia de anacronismo, están en su uso en la red y su facilidad. Las fotografías de los muertos siempre existieron, desde que son posibles. Anteriormente existían los pintores que reproducían también los actos de muerte (batalla), los momentos finales (agonía) y los mismos cadáveres, particularmente de personas relevantes social, política o religiosamente. Hoy han cambiado de significado y modo de ejecución, pudiendo caer en una forma de pornografía de la muerte[11] o imágenes de horror (bélico, terrorista, etc.) con contenido ideológico.

10. Morcate, M., *Duelo y fotografía post mortem. Contradicciones de una práctica vigente en el siglo XXI, Revista Sans Soleil – Estudios de la Imagen*, n.4, 2012, 168-181.
11. Navarro Martínez, E., *Ante la imagen de los demás: pornografía de la muerte y producción cultural en el contexto digital,* Teknokultura, Revista de Cultura Digital y Movimientos Sociales, 10(3), 2013, 585-614.

El acto fotográfico *post mortem* es hoy, para algunas personas, un elemento más del ritual funerario. La fotografía ha adquirido un valor omnipresente, de modo que, para algunos, no captar la última imagen posible de los seres queridos se convierte en una privación de algo posible, una renuncia, una pérdida de una reliquia que permita evocar al fallecido.

Paradójicamente, la imagen del muerto es algo que muchos dolientes intentan olvidar sin conseguirlo, constituyendo para algunos un tormento que suele tardar en desvanecerse hasta compensarse con otras imágenes mentales del ser querido. No obstante, el valor de la reliquia está también en la posibilidad no solo de ser observada, sino de ser conservada.

Una práctica concreta de la fotografía *post portem* es la relacionada con la muerte perinatal. En este escenario, funciona también como un ritual, un registro, el único documento gráfico y la única prueba de la existencia del fallecido y el lazo familiar y afectivo de sus padres con él. Han llegado a surgir fotógrafos voluntarios especializados en niños fallecidos o a punto de morir, capaces de transformar lo desagradable en algo evocador y tierno, cuidando el buen aspecto del bebé y disimulando los elementos más crudos. La imagen, en este caso, logra trascender lo puramente visual, transformando al feto, al bebé... en un recipiente lleno de proyecciones y deseos, poniendo así de manifiesto la importancia del duelo, la necesidad de llorar la pérdida y de recordar la corta vida de la criatura. De este subgrupo, hay gran profusión de imágenes en la red difundidas por los padres.

El mundo fotográfico *post portem* está lleno de contradicciones, paradojas y significados diversos en el siglo XXI y, en internet se ha transformado en un modo de visibilizar el duelo.

Como decía Bachelard, "la muerte es primero una imagen, y sigue siendo una imagen", en la era Web 2.0 diríamos más bien que "la muerte es primero una dataimagen, y sigue siendo una dataimagen". El concepto de dataimagen se refiere a nuestro retrato computarizado en las bases de datos, nuestra imagen electrónica. La dataimagen de un individuo puede incluir información como el nombre, la edad, el sexo, la dirección, el número de teléfono o el origen étnico de la persona, además de preferencias de consumo, gustos, intereses, etcétera. En una sociedad dominada por las nuevas tecnologías informáticas, las personas se definen cada vez más en términos de una dataimagen: Lo que somos para la máquina ubicua, la conexión ubicua, es más importante que lo que somos para nosotros mismos o para los demás. Las máquinas saben más acerca de nosotros que nosotros mismos. La dataimagen, a diferencia del yo real, es completa, recuperable, predecible en términos estadísticos, etcétera.

La muerte en una sociedad como la actual es inseparable del conjunto de datos que existen almacenados en Internet a través de las innumerables huellas digitales que hemos ido dejando mientras estábamos navegando o conectados a la red. El individuo actual nace, crece y muere como dataimagen, pues los registros digitales del yo evolucionan desde el nacimiento (o antes, desde el embarazo) hasta la muerte, e incluso más allá de esta. El resultado es la construcción de un minucioso y detallado archivo personal de uno mismo que puede actualizarse y reproducirse en cualquier momento. La dataimagen se convierte en un archivo, y el archivo de formas pasadas de la vida, como escribe Boris Groys, puede convertirse, en cualquier momento, en un plano para el futuro.

Al guardarse en el archivo como documentación, la vida puede ser revivida nuevamente y reproducida dentro de un marco histórico siempre que alguien decida emprender tal reproducción. El archivo es el lugar donde el pasado y el futuro se vuelven intercambiables.

Encontramos un maravilloso ejemplo de lo anterior en el controvertido capítulo "Be Right Back" de la serie de televisión británica Black Mirror. En este episodio, Martha, la joven protagonista, pierde a su pareja, Ash, al poco de que ambos decidieran mudarse juntos al campo. En el funeral de Ash, una amiga de Martha le habla de un nuevo servicio digital que permite a las personas seguir en contacto con las personas fallecidas. El servicio recopila todas las conversaciones digitales y toda la información del difunto almacenada en sus perfiles de redes sociales y genera una nueva versión digitalizada del mismo que simula con detalle su personalidad y comportamiento.

Una situación como la planteada en este capítulo va actualmente más allá del ámbito de la ficción y hoy en día existen en el mercado aplicaciones como Eterni.me, la cual permite reproducir, por medio de algoritmos informáticos, el carácter de la persona fallecida a partir de la huella digital que ha ido configurando en las redes digitales. Como puede leerse en su página web, el servicio recoge los pensamientos, historias y recuerdos del muerto, los mezcla y genera un avatar inteligente que se parece a la persona fallecida. Según el servicio, este avatar o "tú virtual" (virtual you) vivirá para siempre y permitirá que otras personas en el futuro puedan acceder a los recuerdos de la persona fallecida. El servicio actualiza y concretiza de este modo el viejo sueño de la inmortalidad a través de un avatar construido a partir del archivo digital que el individuo fue construyendo y almacenando durante su vida, de manera consciente o inconsciente. También supone cierta democratización de la inmortalidad, en el sentido de que esta pasa a ser un derecho virtual de todos y ya no un privilegio limitado a unos pocos (héroes, famosos, artistas, deportistas, etcétera).[12]

12. MÁRQUEZ, I., *Muerte 2.0: pensar e imaginar la muerte en la era digital*, en Andamios, vol. 14, n1 33, Ciudad de México, ene/abr. 2017, en: https://www.scielo.org.mx/scielo.php?script=sci_arttext&pid=S1870-00632017000100103

5

Identidad digital post morten

El mundo digital permite realizar una *dataimagen* de una persona a partir del rastro digital, un retrato computarizado a partir de las bases de datos que vamos dejando en los lugares virtuales. La dataimagen de un individuo incluye la información del individuo sobre su identidad y preferencias. Para una persona, la dataimagen puede ser tan importante o más de lo que es para uno mismo o para los demás en la conexión de proximidad física, porque la dataimagen, a diferencia del yo real, es –digámoslo así– completa, recuperable, predecible.

El ser humano que participa en el mundo digital es inseparable del conjunto de datos existentes almacenados en internet a través de las numerosas huellas digitales.[13] Surgen también preguntas tales como: ¿la imagen digital que damos voluntariamente es fiable? La selección hecha, ¿qué proyección de nosotros mismos lanza?

A partir de las dataimagen, la vida puede ser revivida nuevamente y reproducida históricamente siempre que alguien

13. Groys, B., *Volverse público. Las transformaciones del arte en el ágora contemporánea*, Caja Negra Editora, Buenos Aires 2014.

decida ver de nuevo el archivo, que es el lugar donde el pasado, el presente y el futuro son intercambiables. Se puede, digamos, jugar con el tiempo.

Existen en el mercado aplicaciones como Eterni.me que permite reproducir, por medio de algoritmos informáticos, el carácter de una persona fallecida a partir de su huella digital que ha ido dejando en las redes sociales digitales. Se recogen pensamientos, historias, recuerdos, se mezclan y se genera un avatar o ser virtual que puede vivir para siempre y realiza el sueño de la inmortalidad de la persona fallecida. Lo que en el pasado estaba reservado a los héroes y famosos, superviviendo a través del arte, de los cuadros y las estatuas, hoy se pone al alcance de todo ser humano que maneje estos medios.

La identidad digital ahora trasciende las fronteras de la vida biológica. Algún estudio sugiere que el 81% de los niños menores de dos años ya tienen una presencia digital, es decir, una o varias fotos publicadas en las redes sociales por sus propios padres.

La cuestión de la identidad digital y e-reputación es central en el ecosistema de Internet de hoy en día, tanto en términos de uso individual como colectivo. Una identidad digital se compone de la suma total de las huellas digitales relacionadas con un individuo o una comunidad: las huellas son el "perfil" que corresponde a lo que decimos sobre nosotros mismos. Cuando navegamos, trazamos qué sitios hemos visitado, comentamos o compramos y se deja huella de cómo nos comportamos. Además, dejamos por escrito huellas enunciativas – lo que publicamos en nuestros blogs, por ejemplo – que reflejan directamente nuestras ideas y opiniones.

Más precisamente, la identidad digital se puede definir tanto como la colección de trazas (escritos, audio / vídeo, mensajes de contenido del foro, detalles de acceso, etc.) que dejamos detrás de nosotros, consciente o inconscientemente, ya que, al navegar por la red, dejamos el reflejo de esta masa de rastros tal como aparece después de haber sido "remezclado" por los motores de búsqueda.

Mi identidad digital incluye lo siguiente: dirección IP; cookies; mensajes de correo electrónico; nombre de pila; apellido; nombres de usuario; personal, administrativo, bancario, detalles profesionales y sociales; fotos; avatares y logotipos; etiquetas; vídeos; artículos; comentarios en foros; datos de geolocalización, etc.

Después de la muerte, existen posibilidades de reconstrucción de la imagen digital de una persona, con la cual pueden generarse productos y servicios que darán paso a formas de "supervivencia" y novedades en la gestión del dolor por la pérdida de un ser querido.

No falta quien advierte sobre los riesgos de esta reconstrucción digital *post mortem* argumentando que la inteligencia artificial que permite a los usuarios mantener conversaciones de texto y de voz con sus seres queridos perdidos corre el riesgo de causar daño psicológico e incluso perseguir digitalmente a quienes se quedan atrás sin estándares de seguridad de diseño.

Una investigación, publicada en la revista *Philosophy and Technology*, destaca el potencial de las empresas de utilizar robots muertos para anunciar subrepticiamente productos a los usuarios a la manera de un ser querido fallecido, o angustiar a los niños al insistir en que un padre fallecido todavía está con usted.[14]

14. https://www.eldiasegovia.es/noticia/z3d90dedc-c568-1ff6-112438d03dd-33ced/202405/una-vida-digital-post-mortem

6

Deadbots o *Griefbots*: chatear con nuestros muertos, inmortalidad bidireccional

Los *Deadbots* o *Griefbots* son *chatbots* de inteligencia artificial que simulan los patrones de lenguaje y los rasgos de personalidad de los muertos utilizando las huellas digitales que dejan. Algunas empresas ya ofrecen estos servicios, proporcionando un tipo completamente nuevo de "presencia *post mortem*".

Por su parte, los *griefbots* son *chatbots* basados en la huella digital dejada por nuestros seres queridos fallecidos a través de las redes sociales, correos electrónicos, mensajes de texto y sistemas de mensajería, mediante los que los dolientes pueden hablar con sus seres queridos después de su muerte. Actualmente, existen varias iniciativas de desarrollo de los *griefbots*.[15]

La prensa ha hecho mucho hincapié en los mismos, focalizando su interés en tratar de saber cómo suplir a través de lo virtual dichas despedidas o ritos y vehiculando representaciones

15. Jiménez-Alonso, B., & Brescó de Luna, I. B. D., *¿Griefbots para despedirnos de nuestros seres queridos fallecidos? Algunas consideraciones psicológicas y éticas*. Psicosomática y Psiquiatría, 2022, 22, 42-53. https://doi.org/10.34810/PsicosomPsiquiatrnum200404

culturales sobre lo que es una "buena muerte" o un "buen duelo", tal y como ya han denunciado Selman, Sowden y Borgstrom, 2021.

El principal argumento para la creación de esta nueva tecnología es ofrecer una importante fuente de apoyo a las personas en duelo. Este fue uno de los motivos por los que, de manera independiente el uno del otro, los investigadores Eugenia Kuyda y Muhammad Ahmad comenzaron a desarrollar los *griefbots*. La idea les sobrevino cuando perdieron a su mejor amigo y a su padre, respectivamente. Los autores presentan los *griefbots* como una versión moderna de los rituales de duelo y de las formas clásicas de recuerdo, como un funeral o un álbum de fotos. Desde este punto de vista, los *griefbots* cumplirían una función psicológica positiva en el proceso del duelo.[16]

Se trata de la permanencia digital de nuestros seres queridos fallecidos en el ciberespacio, que pueden permitir no solo una comunicación unidereccional, sino también una comunicación bidireccional que permita a los muertos "tomar la iniciativa".

Los *chatbots* son aplicaciones informáticas basadas en inteligencia artificial capaces de generar una conversación bidireccional entre un ser humano y una máquina (robot) a través de una interfaz conversacional o chat. Además de su uso cada vez más cotidiano en diversos dispositivos, como Siri de Apple o Google Assistant, estos agentes conversacionales se han ido extendiendo a áreas más específicas como el ámbito de la salud,

16. https://amp-compromiso.atresmedia.com/levanta-la-cabeza/actualidad/puede-inteligencia-artificial-ayudarnos-hablar-nuestros-muertos_202012175fdb06067cfbb20001d269ee.html

incluyendo la salud mental, ya sea en tareas de evaluación psicológica o intervención. También encontramos *chatbots* destinados al acompañamiento de las personas en el final de su vida con el objetivo de ayudarlas a prepararse logística, emocional e incluso espiritualmente para su muerte. Por su parte, los *griefbots* son *chatbots* basados en la huella digital dejada por nuestros seres queridos fallecidos a través de las redes sociales, correos electrónicos, mensajes de texto y sistemas de mensajería, mediante los que los dolientes pueden hablar con sus seres queridos después de su muerte.

A pesar de su desarrollo tecnológico, apenas existe literatura científica que reflexione sobre las posibles implicaciones psicológicas y éticas derivadas del uso de esta herramienta digital en el proceso de duelo –no se han encontrado resultados en bases de datos como *Medline* o *Psycinfo* introduciendo el término *griefbot* como palabra clave.[17]

Si, como comúnmente se entiende, el proceso de duelo termina una vez que superamos la pérdida y nos despedimos de los seres queridos soltando el lazo que nos une a ellos, entonces parece razonable hacer sonar las alarmas ante un artefacto que posibilitaría la perpetuación de estos lazos más allá de la muerte. Por el contrario, una tendencia creciente en los estudios del duelo cuestiona la necesidad de romper los lazos afectivos con los difuntos. Con estos contactos con la IA el duelo implica avanzar con una conexión permanente con los que ya no están con nosotros, manteniendo relaciones imaginarias, a semejanza

17. Jiménez-Alonso, B., & Brescó de Luna, I. B. D., *¿Griefbots para despedirnos de nuestros seres queridos fallecidos? Algunas consideraciones psicológicas y éticas*. Psicosomática y Psiquiatría, 2022, 22, 42-53. https://doi.org/10.34810/PsicosomPsiquiatrnum200404

de las alucinaciones, pero sin ser solo un fenómeno exclusivamente intrapsíquico.

El deseo de comunicarnos con los difuntos no es únicamente de nuestros tiempos. Las tecnologías emergentes de hoy tienen sus raíces en tendencias muy antiguas. De hecho, la historia nos ofrece varios ejemplos de mediación en la comunicación entre vivos y muertos, incluidas formas en las que se imita la identidad de estos últimos, en una lógica similar a la de los *griefbots*.

En el siglo III a.C., existía la figura del imitador de los muertos; un actor designado por la familia del fallecido que tomaba su identidad en los días posteriores a su muerte haciendo de anfitrión y ofreciendo banquetes a amigos y familiares para darles la oportunidad de comunicarse con él, de despedirse y de darle las gracias. Se trataba, en la línea de los *griefbots*, de comunicación bidireccional, si bien mediante una simulación –en este caso, analógica y performativa– del fallecido.

Otro ejemplo podemos encontrarlo en las sesiones espiritistas, muy populares en el siglo XIX, donde se entendía que los muertos se manifestaban ante las preguntas de los vivos y mediante la intervención de un *médium*. En este caso no hay una imitación, sino un afán por comunicarse (también de forma bidireccional) con el muerto o su espíritu, interesándose por él, haciéndole preguntas y recibiendo, supuestamente, respuestas.

Por su parte, el teléfono constituye un artefacto más reciente que hizo posible la telepresencia, esto es, una copresencia no física entre interlocutores comparable a la existente entre vivos y muertos. En tanto que tecnología validada socialmente, el teléfono puede utilizarse para dejar mensajes de texto y de voz a los fallecidos o para mantener conversaciones unidireccionales con ellos, como en el caso del teléfono de viento en Japón: una cabina telefónica construida por Itaru Sasaki en su jardín tras la muerte de su primo, que finalmente se abrió al público para que los familiares pudieran mandar mensajes a los fallecidos en el *tsunami* de 2011.

El mundo digital actual, por tanto, ha ampliado las posibilidades de comunicación en el duelo: desde los memoriales *online*, donde los dolientes pueden honrar a los muertos, hasta las plataformas encargadas de gestionar el legado digital de estos últimos y entregar mensajes personales a los vivos. En este extenso dominio digital, también vemos proyectos dirigidos a crear avatares digitales y, por supuesto, los *griefbots*. En todo caso, siguiendo nuestro argumento, es importante recordar una vez más que estas nuevas tecnologías digitales, lejos de operar en el vacío, se incorporan a contextos socioculturales en donde continúan operando otro tipo de ritos y tecnologías relacionadas con el duelo que han ido surgiendo y transformándose a lo largo de la historia.

Cabe subrayar que la interacción bidireccional que permiten los *griefbots* –combinada con la materialidad de los mensajes que deja la versión digital del ser querido– puede ser problemática, especialmente en aquellos dolientes con patrones de evitación/negación o síntomas de duelo complicados. Si bien los *griefbots* podrían ser útiles como parte de los rituales de duelo, especialmente en los primeros momentos después de la muerte como una forma de comunicarse con el difunto por última vez, el problema podría surgir si la relación virtual con la muerte se convierte en una estrategia crónica de negación. En ese sentido, las principales características que ofrece esta nueva tecnología podrían alentar a los dolientes a quedar atrapados en una conversación bidireccional permanente impulsada por una lógica –no necesariamente basada en criterios terapéuticos– que iría más allá de su iniciativa.

7

Selfies pre y *post morten.* Restos digitales

Como hemos dicho, la fotografía *post mortem* fue una práctica social que consistía en tomar imágenes de cadáveres, especialmente de niños, en las que aparecían en relación con los dolientes o solos. Los cuerpos eran puestos en escena y, de alguna forma, "estaban donde no deben", es decir, no reposan en el ataúd, ni bajo tierra en un cementerio, sino que los vivos se aferran a ellos a través de la fotografía.

La fotografía *post mortem* (también conocida como fotografía póstuma) es la práctica de fotografiar al recientemente fallecido para dejar su retrato conmemorativo para la posterioridad. El hecho de fotografiar muertos tiene antecedentes prefotográficos en el Renacimiento, donde la técnica era el retrato por medio de la pintura en el llamado *memento mori,* frase en latín que significa "recuerda que eres mortal". En la historia del arte era utilizado para la representación de los difuntos; otra técnica de la época medieval donde se concebía que el fin era inevitable y había que estar preparados. La composición de retratos de muertos, especialmente de religiosos y niños se generalizó en Europa desde el siglo XVI. En estos retratos se destacaba la belleza del difunto y se conservaba para la posteridad. Los retratos de los niños, en cambio, eran una forma de preservar la imagen de seres que se consideraban puros, llenos de belleza.

La imagen como sustituto del cuerpo ausente y, su visión como un medio eficaz para el vivo de recuperar el recuerdo del difunto. La fotografía es, al fin y al cabo, una herramienta psicológica y trascendental que da sentido para el vivo a la hora de aceptar la muerte, reconocerla, superarla o, por el contrario, si está cargada de vida e interactúa, reforzar la negación. La disponibilidad actual universal de los dispositivos fotográficos, así como su ubiquidad en cada una de las situaciones de la vida cotidiana, nos invitan a suponer un incremento de la fotografía *post mortem* digital. Esta disponibilidad nos sitúa ante la dificultad del ser humano de ser, en el fondo, o al menos en su mayoría, olvidados. No sería posible mantener la memoria de todos los seres humanos fallecidos. Argumenta Tony Walter que, tarde o temprano, la mayor parte de los muertos necesitan ser olvidados, a fin de que unos pocos puedan ser recordados.

La desmaterialización de la fotografía y la virtualización del archivo no permite cuantificar de forma precisa el uso fotográfico *post mortem* en la actualidad. Asimismo, persisten las dudas sobre la supervivencia de este soporte visual para el futuro. La desaparición o ausencia del fallecido y su equivalente virtual es traducido por el algoritmo que motoriza las plataformas, penalizando la ausencia de actividad que abre el espacio al olvido. Desaparecido el recuerdo y el relato en torno al fallecido, desaparecido el doliente, su legado digital correrá paralelo a la transformación del relato que lo sustenta, y se disolverá en el vacío.[18]

18. Foncuberta, J., *La furia de las imágenes*, Galaxia Gutenberg, Barcelona 2018; Hirsch, M., *Family frames*, Harvard University Press, Cambridge, Mass., 2018.

La expansión temporal, espacial y social resultante del uso de las redes sociales, está convirtiendo el duelo en una práctica cada vez más cotidiana y compartida a través de Internet. Las nuevas tecnologías están mediando nuevas formas en las que los dolientes expresan y afrontan la pérdida, gestionan los lazos continuos con sus seres queridos y conmemoran su memoria, dándoles existencia póstuma en el mundo digital.

Un eventual borrado del perfil de los fallecidos podría equivaler a perder por segunda vez a los seres queridos, complicando, sin duda, la experiencia del duelo. La complejidad aumenta cuando se pasa de la inmortalidad digital unidireccional a bidireccional.

Si en las primeras fotografías *post mortem* la representación visual de la muerte estaba estrechamente vinculada a sus rituales y a la escenificación social de la misma, la posterior evolución del contexto social irá reduciendo el ámbito de representación casi exclusivamente en el discurso artístico o documental –incluyendo en este espectro proyectos autorreferenciales de enfermedad, reivindicación de colectivos estigmatizados socialmente, terapias profesionales de duelo o documentación forense. En esta última década estamos siendo testigos de propuestas tecnológicas que pretender definir un nuevo marco de relación con la muerte, con la promesa de perpetuar en un Mas Allá virtual: el legado digital del *Homo Interneticus*.

Esta práctica social de exhibir la última imagen del ser querido, que hoy puede parecer espeluznante, incomprensible o injustificable, y que tenía sus profesionales especializados, y que se mantuvo hasta bien entrado el siglo XX y un poco más en la Galicia rural, da espacio hoy a una cultura diferente en la que confluye una visión positiva de la tecnología y una fascinación por la propia imagen y, quién sabe si también por la muerte.

Hoy se encuentran numerosas fotos hechas por sus protagonistas, *selfies* por tanto, como captación del último instante. La mayoría de estos *selfis premortem* tuvieron fatales consecuencias debido a ahogos, caídas desde las alturas e incidentes con medios de transporte (coches, trenes). Las muertes por *selfie* se han convertido, llegó a decir *The Washington Post*, en un grave problema de salud pública.[19]

La fotografía *post mortem*, los *selfis* y los *selfis pre mortem* recogen el instante de vivir y el instante de morir, y encierran el modo de ver la tecnología y el valor dado a una imagen en una pantalla.

Por otro lado, están los *selfis* realizados en la participación en ritos fúnebres, realizados con visualización de féretro o cadáver, o sin él. Quien así lo hace, suele compartirlo después con sus "amigos", justificando esta práctica como un modo de compartir los sentimientos.

Sufriendo, pero posando. No se quiere dejar pasar el momento emotivo.

Junto a estas prácticas están también las de los videos y los *streaming* de funerales, una práctica también en aumento. En algunos casos, la motivación para transmitir en directo un funeral son los inmigrantes que aprovechan la tecnología para conectar con familiares y amigos en su país de origen. Cuando los familiares optan por difundir públicamente la ceremonia, eso significa que cualquiera puede verla. No faltan algunos

19. *De la fotografía "post mortem" al selfi "pre mortem"*, https./economiadigital.es/tecnologia-y-tendencias/de-la-fotografia-post-mortem-al-selfi-pre-mortem_mortem_589289_102.htlm

problemas relacionados con los relativos a los derechos de autor de la música elegida en tales ceremonias, además del asunto de la propiedad de la imagen del difunto.

Al día de hoy, la oferta de esta transmisión está creciendo, y las empresas fúnebres empiezan a poner –al menos en sus portales– algunos criterios éticos, como la prohibición categórica de copiar las imágenes y sonidos transmitidos, compartirlos, etc. Los funerales *online* con medios digitales son un servicio que puede ofrecer una empresa funeraria para que sus clientes puedan despedirse de un ser querido sin importar el lugar geográfico en que se encuentran. Forman parte importante de la transformación digital de las funerarias.

En el procesar las imágenes del vivo, después de la muerte, está también el tema de los distintos "yoes digitales" póstumos, lo que algunos llaman "las migas" o las "almas digitales", que no son únicas, dado que el rastro digital puede incorporar cuanto el difunto fue dejando no solo en su rol más social, sino también en los roles individuales interpretados privadamente. Cabe preguntarse si las imágenes construidas por la tecnología incluirán y darán a conocer a familiares y amigos la integridad del difunto.

Si consideramos la eternidad como el antídoto filosófico que le ha permitido al hombre sobrellevar la fatalidad de su destino y a las distintas religiones negociar con él, no resultará problemático considerar el concepto de la ciber-eternidad como un sustituto aceptable en este nuevo contexto y a las empresas tecnológicas como mediadoras entre el usuario y la promesa de un *Mas Allá virtual.* Pero, hay que aceptarlo, la variable económica o interesada, puede estar demasiado vinculada a este deseo de inmortalidad. También lo estuvo –y se mantiene– con las religiones, particularmente en su perversión de negociar con los "puestos" indulgentes en el cielo.

8

Al final de la vida, en cuidados paliativos

El uso de la IA no solo tiene que ver con posibilidades en el duelo, a la espera de regulaciones que prevengan el posible daño psicológico. En efecto, los *chatbots* utilizan información personal para simular la forma de hablar y los rasgos de personalidad del fallecido que pueden haber programado su vida *post mortem*. En la empresa *Stay*, la persona que fallece paga una suscripción de veinte años para que su avatar siga vivo en línea con sus recuerdos y personalidad, sin el permiso ni el conocimiento de sus hijos, que pueden empezar a recibir un bombardeo de mensajes que no pueden cancelar porque violaría los términos del contrato firmado por su padre. Se podría dar, así, una forma de acecho digital por parte de los muertos. Los *griefbots* podrán, de este modo, convertirse en fantasmas digitales que molesten a los supervivientes y, quizás, llenos de publicidad.[20] Podrán realizar "apariciones digitales" que no respondan solo a la demanda de los dolientes, sino a otros criterios preestablecidos por el difunto o por la empresa productora de estos servicios.

Pero la IA puede aplicarse también al final de la vida y, en particular, en el mundo de los cuidados paliativos, ese espacio

20. *Alerta sobre los peligros de los bots de la muerte para interactuar con los seres queridos fallecidos*, en: https://search.app/izNNfifo6kCNtE4U8

de atención interdisciplinar que tiene como objetivo el control de síntomas y el acompañamiento a enfermo y familia sin ningún deseo de prolongar la vida, sino de cualificarla sin encarnizamiento técnico ni adelantarla con prácticas eutanásicas. Mientras que el uso de la IA en medicina predictiva y en precisión del diagnóstico pueden ser más fácilmente aceptables, siempre dentro de un marco ético, la aplicación de esta al mundo del final de la vida y, particularmente del duelo, puede presentar otros problemas añadidos.

En principio, la IA en medicina paliativa, puede utilizarse de varias maneras. Algoritmos de IA pueden analizar grandes cantidades de datos médicos y predecir el curso de la enfermedad, ayudando a los profesionales de la salud a tomar decisiones informadas sobre el mejor tratamiento, mejorando la planificación y la comunicación con los pacientes y familias. Por otro lado, en el manejo del dolor, la IA puede monitorear continuamente la respuesta de los pacientes, ajustando automáticamente las dosis de medicamentos y sugiriendo intervenciones alternativas.

Pero lo que puede resultarnos más curioso en el marco de nuestro interés es su entrada en el mundo emocional. Algunos sistemas de IA serán capaces de ofrecer apoyo emocional a pacientes y cuidadores, utilizando *chatbots* avanzados y herramientas de análisis de sentimientos que detectan cambios en el estado de ánimo y ajustan las interacciones para ofrecer consuelo.

Hay ya diferentes compañías que están desarrollando la IA en su aplicación para medicina paliativa, como CureMetrix, PathAI, Aidoc (aplicada a la radiología), Eleanor Health (para pacientes crónicos y terminales), Oncora Medical (predicción aplicada a paliativos), MyndYou (monitoreo cognitivo y emocional, particularmente de pacientes con alzhéimer y demencias),

Zebra Medical Vision (para iniciar el tratamiento paliativo), Mahana Therapeutics (intervenciones psicológicas personalizadas), CarePredict (monitoreo de pacientes en cuidados paliativos), Viz.ai (monitoreo de cambios neurológicos), Healx (enfermedades raras y terminales). Creadoras de *robots* de asistencia para pacientes con enfermedades terminales, están Catalia Health (para conversación empática), SoftBank Robotics (apoyo social y entretenimiento), Intuition Robotics (para personas mayores y pacientes crónicos), Blue Frog Robotics (para recordar medicación y gestionar comunicación con cuidadores), Ubtech Robotics (supervisión del paciente, caídas e incidentes), etc.[21]

Estos *robots* de asistencia, en conclusión, proporcionan diferentes funciones esenciales, desde apoyo emocional y conversación hasta asistencia física y monitoreo remoto. Su uso en el cuidado de pacientes terminales permite una atención más personalizada, mejorando la calidad de vida y reduciendo la carga sobre los cuidadores humanos. Su extensión y aplicación hacen pensar que, como en todos los demás ámbitos, se hace necesaria la reflexión ética y la humanización que nos llega por el valor de la presencia humana, cuerpo a cuerpo, desde la calidez del encuentro y la carnosidad de nuestra presencia física y con compromiso de toda la persona, en su multidimensionalidad. Aplicar conceptos como empatía y compasión a las aplicaciones no humanas, aun sirviendo para imaginar una innovación que ofrece alivio, contiene sus desafíos en el planteamiento de lo que es genuino y específico de la participación del ser humano, con presencia plena.

---

21. *IA en la Medicina Paliativa: Mejorando el Cuidado de Pacientes con Enfermedades Terminales*, en: https://www.linkedin.com/pulse/ia-en-la-medicina-paliativa-mejorando-el-cuidado-de-con-lopez-molina-euz1e/

En el 2023, la OMS ha reconocido el potencial de la inteligencia artificial para mejorar los efectos de la salud mediante el fortalecimiento de los ensayos clínicos, el diagnóstico médico, el tratamiento, el cuidado personal y la atención centrada en la persona, así como el apoyo a los conocimientos, capacidades y competencias de los profesionales de la salud.[22]

La inteligencia artificial resulta muy prometedora para la salud, pero también presenta retos importantes, lo que incluye la recopilación de datos no ética, las amenazas a la ciberseguridad y el aumento de los sesgos y la desinformación. Se hará necesario fomentar la confianza mediante la transparencia, la gestión de los riesgos, la validación externa de los datos, su calidad, la protección de su privacidad, así como la promoción de la colaboración entre los organismos reguladores, pacientes, profesionales de la salud, representantes de las industrias, asociaciones gubernamentales, etc., para ayudar a asegurarse de que los productos y servicios cumplan con las regulaciones y se impregnen suficientemente de los valores éticos.

Sin duda, por otro lado, el uso de la IA en torno al final de la vida, en cuidados paliativos, es previsible que refuerce el deseo (o "necesidad") de acudir a ella *post mortem*. Y, como venimos diciendo a este respecto, diferentes estudios reclaman que la búsqueda de proximidad con la persona fallecida está relacionada con peores resultados en salud mental. No son pocos los que reclaman la bondad del uso de la IA en el duelo, su función psicológica positiva, pero reduciéndola prácticamente al mundo de

22. *La OMS esboza las cuestiones que cabe tener en cuenta a fin de regular la inteligencia artificial para la salud*, en: https://www.who.int/es/news/item/19-10-2023-who-outlines-considerations-for-regulation-of-artificial-intelligence-for-health#:~:text=La%20OMS%20reconoce%20el%20potencial,capacidades%20y%20competencias%20de%20los

los rituales, y aceptando los riesgos éticos que han de regularse y discernirse también caso por caso. Está pendiente, asimismo, un debate jurídico sobre el uso de datos de una persona fallecida.

9

Un retorno cultural al pasado

La proximidad ancestral entre vida y muerte, que se interrumpió bruscamente con la llegada de la modernidad, se recupera. Las redes sociales han sacado en cierta medida a la muerte de la esfera privada, llevándola al espacio público cotidiano y comunitario de Internet. Los restos digitales lanzan el desafío de ser gestionados personalmente (testamento digital *pre-mortem*), familiarmente, terapéuticamente, comercialmente, etc. Los rastros digitales involuntarios son los que más problemática generarán. Sin duda, un rendimiento económico de los restos digitales puede fomentar una estrategia que mantenga enganchados a los dolientes.

Se genera así una nueva condición antropológica que va más allá de la muerte física y que perdura en forma de imagen. Por extraño y paradójico que parezca, la persona fallecida sigue produciendo significado y viviendo en los restos de un cuerpo electrónico que genera vínculos y comunicación. El cadáver –vivo de forma digital– susurra en línea su presencia entre los vivos y sigue influyendo en sus tramas vitales, como un miembro más de la red social.[23] Las nuevas generaciones,

23. SUSCA, V., *Deleite trágico. Las formas elementales de la vida electrónica*, Península, Barcelona 2012.

particularmente los niños, pueden crecer interactuando con los parientes muertos. ¿Serán capaces los niños de distinguir entre simulación y realidad? ¿Qué será del rastro involuntario de cada persona en su utilización tras su muerte? ¿Cómo manejará la industria la fragilidad del doliente en relación con sus intereses de cautivarle en el consumo de productos generados por la IA?

Los nuevos ritos fúnebres de la sociedad digital y la cibercultura son una gran novedad cultural que va contra la lógica de la retirada de la muerte o la negación. Retorna el mundo simbólico, afectivo y relacional en relación con el difunto, recuperando un posible primer plano a través de los cementerios virtuales y salas de *chat* o perfiles memoriales.

En el mundo actual tan digitalizado, vivos y muertos comparten, como en el pasado, un mismo espacio social y se vuelven interdependientes. Se genera una especie de comunidad global reunida en torno a una emoción común, o a una persona fallecida que genera un impacto y tiene sus propios "restos digitales" rastreable o gestionado por la propia IA. De alguna manera, de esta forma, no se muere totalmente nunca (aparentemente); hay acceso a la relación con el difunto, tanto unidireccionalmente como bidireccionalmente. La presencia permanente de los muertos en el ciberespacio contribuye a justificar la práctica de interactuar con ellos.

Morir, en la era digital, es recuperar la muerte como intercambio social, es no morir del todo en una especie de ilusión para quien sobrevive. En internet, puede pensarse, fallecer no es un problema. La relación puede continuar, la visión con el difunto puede gestionarse. El legado virtual es accesible a numerosas personas, además de convertirse también en una cuestión económica que nos hace preguntarnos: además de ataúd y tanatorio, ¿tendremos que pagar porque el legado digital de nuestros seres queridos sea gestionado según nuestros criterios? El manejo de la huella digital póstuma se está volviendo inevitable.

Una parte del mundo *post-mortal,* en el mundo digital, está en manos de los administradores póstumos, determinados por el fallecido o empoderados hasta donde es posible para gestionar la información. Se abre así el concepto de "testamento digital" que permite a los herederos la gestión de cuentas y bienes digitales. Facebook, Twitter, Instagram, han previsto este mundo de gestión de las cuentas conmemorativas con la necesidad de la documentación suficiente.

El doliente, que entra en la dinámica de compartir en el duelo, necesita sentir que la pena es reconocida y la pérdida lamentada. Se busca compartir los sentimientos y las experiencias a partir del dolor de la muerte.[24]

Un desafío de fondo es la reflexión sobre cómo se quiere conceptualizar la propia historia. Si el individuo, por razones también de crédito, identidad, finanzas, quiere proteger sus datos más allá de la muerte, si desea que permanezcan durante un tiempo o si desea que los familiares sean herederos de la responsabilidad. Pensando en nuestros antepasados, quizás encontremos un deseo de haber tenido protagonismo en su recuerdo y en el modo de poder visitar su historia.

El único reducto reconocido y respetado de la muerte, de nuestros muertos, en la actualidad es el cementerio, lugar que progresivamente se va transformando, no ya en el lugar para

---

24. Bermejo, J. C., *Las siete tareas espirituales del duelo,* Desclée De Brouwer, Bilbao 2021.

recordar a nuestros difuntos, sino en el lugar para abandonarlos y olvidarlos.

Paralelamente, las funerarias, con su rápida modernización, consiguen hacerse con la hegemonía en el manejo de los cadáveres, lo que comporta la desvinculación física con el cadáver y la práctica de la separación rápida de los mismos. El mundo digital adquiere así el valor del contacto con el muerto en la actualidad.

Las culturas digitales son un epifenómeno del espíritu moderno que ya no busca una representación, ni delegan en los otros las decisiones que conciernen a la propia vida. El cibernauta no quiere ser representado, sino que se presenta en el espacio público con su facultad de elegir y también manipular el lenguaje.[25] De modo espontáneo y en buena medida inconsciente, las personas, extasiadas por el encuentro, hechizadas por la mitología que los enlaza en la red, interpretan individualmente el mundo relacional, mezcla vivos y muertos.

La negación de la muerte, su progresiva eliminación del espacio público y la lógica del control biomédico, como rasgos característicos de la modernidad,[26] dan paso a una inversión de tendencia en las prácticas de socialización de imágenes relacionadas con los muertos. Tras producirse la muerte, el sujeto fallecido sigue existiendo en la red a corto y medio plazo y, a través del imaginario del superviviente, en una eternidad electrónica que prolonga la existencia de lo humado.

En el ciberespacio proliferan los *blogs* de personas fallecidas después de su muerte, de modo que viudos, amigos y parien-

25. Susca, V., *Deleite trágico. Las formas elementales de la vida electrónica*, Península, Barcelona 2012, 154.
26. Lafontaine, C., *La société post-mortelle*, Seuil, París 2008, 193.

tes deciden suplir la ausencia física de un ser querido y rendir homenaje a su recuerdo en las páginas de internet mediante imágenes, música y mensajes que disminuyen la sensación de discontinuidad respecto a la vida. Es esta una versión actualizada del culto a los muertos.

10

Cuerpo electrónico

La muerte hoy se desea como personal e íntima, discreta, inconsciente, higiénica y que dé paso a esta forma de vida virtual y de presencia digna entre los vivos. De alguna manera, se pone en tela de juicio la puerta entre seres vivos y seres no vivos y el trasiego de la existencia llama en voz alta a los muertos. El cuerpo electrónico del difunto está a un clic. Comparte la vida cotidiana de la pantalla y no vive en cementerios y féretros, sino entre los vivos.

Con independencia de la voluntad de su referente principal y originario (el difunto), la identidad del individuo vuelve a la red y circula en una proximidad ancestral entre vida y muerte que desapareció con la llegada de la modernidad.

La persona fallecida sigue produciendo significado y viviendo en la red con los restos de un cuerpo electrónico e hipertextual que aún establece vínculos, genera comunicación, crea lenguaje y une a personas. La "persona digital" y la tribu electrónica trascienden la identidad del sujeto y el estar juntos con un cuerpo carnoso. La eternidad se diluye en una posibilidad de inmortalidad visual.

La identidad electrónica sigue de un modo autosuficiente y distinto al de la identidad privada del difunto. El cuerpo electrónico sucede al cuerpo físico de forma selectiva, conservando solo algunos rasgos, particularmente los positivos y socializables.

La dosis de individualismo alcanzado de manera exuberante poniendo en valor la autonomía de cada persona y su posibilidad de autogobierno, puede estar siendo sepultado por una nueva forma de propiedad en la que el superviviente gobierna la vida del difunto con una heteronomía que se pensaba arcaica.

En el nuevo escenario, una antropología se abre camino: la persona adquiere una "nueva carne", una nueva forma metafórica de vida donde se convierte en un híbrido entre técnica y forma biológica (imagen), en una nebulosa presencia con una mística en la que las manifestaciones festivas y positivas adquieren más fuerza que la cotidianeidad del esfuerzo del cuerpo sacrificado para superar las resistencias de las adversidades de la vida.

Ya este cuerpo virtual se había hecho camino, antes de la muerte, en numerosos vínculos sin voz, sin presencia física, cultivados a través de mensajes cortos, imágenes y símbolos de afectos sin roce carnal e intercambio de sonidos, olores, fluidos. El cuerpo se había ido espiritualizando o desencarnando en un mundo de conexiones de red, también con las personas significativas como familiares y amigos.

Ahora, con el desarrollo de la tecnología, el "cuerpo espiritualizado" se puede hacer más visible mediante el mundo de los hologramas. La tecnología puede traer a la presencia el cuerpo de los fallecidos, visible y audible. En este sentido, tangible. La diferencia entre alucinaciones y experiencia de pseudo-encuentro con el fallecido, se diluye. La confusión entre creencias en formas de vida más allá (resurrección), e ilusión por la experiencia fugaz con hologramas, aumenta y da paso a una ambigüedad que habrá de ser cada vez más considerada por su impacto psicológico y sus implicaciones sobre la salud mental de los dolientes. Se puede hacer más difícil la aceptación de la muerte, si se tienen accesibles estos posibles reencuentros que pueden desearse y utilizarse más allá de su eventual función ritual de cierre y despedida. La melancolía puede encontrar una repuesta no solo emocional. Lo digital materializa al difunto. El recuerdo y la memoria, mediante estas prácticas, reconstruyen la existencia del difunto, rematerializado, para mitigar la fragilidad del doliente. La tecnología refuerza el poder de los datos y permea las fronteras entre vivos y difuntos. La recopilación de los datos pretende tanto mantener vivos a los muertos como alejar a los muertos activos.[27]

Después de que Freud ofreciera su mirada psicoanalítica que tiende a reducir el duelo como algo que trabajar, las propuestas psicoanalíticas actuales hablan de una subjetivación de la pérdida. La muerte, reducida a acto, la muerte a secas, deja pendiente la parte "húmeda" de la presencia, de los fluidos compartidos y expresivos del vivir el sufrimiento como resultante de una verdadera amputación, en la que algo de uno mismo es arrancado.[28] El mundo digital "seca", más aún, si cabe, la muerte hoy.

27. Brun, V., Bourdeloie, H., *Cuando lo digital materializa al difunto: los datos pos mortem en el proceso de duelo*, en: https://shs.cairn.info/revista-etudes-sur-la-mort-2022-1-page-27?lang=es&tab=resume

28. Allouch J. *Erótica del duelo ten tiempos de la muerte seca*, Cuenco de Plata, Buenos Aires 2009.

11

Programar y despedirse: legado digital y derecho al olvido

El concepto de programación y de despedida no es nuevo. Siempre se han dado mucho valor a las expresiones de últimas voluntades, verbales o escritas. También las funerarias, hoy, en sus *webs* contemplan propuestas de planificación previa del funeral, invitando a dejarlo todo escrito y resuelto, evitando las decisiones difíciles y los eventuales desacuerdos entre la familia. En la actualidad, existen también empresas, como *Cardiem*, cuya actividad consiste en ayudar a conservar y guardar las palabras e imágenes que los clientes, una vez muertos, quieran transmitir a sus familiares y que estos puedan mantener vivo su recuerdo.

Una empresa creada en 2020 se presenta como una aplicación, –según el empresario emprendedor–, para que los usuarios puedan grabar mensajes antes de fallecer en un espacio que nosotros guardaremos en la nube, totalmente protegido, y que tras su muerte enviaremos a las personas indicadas por ellos, una vez nos envíen el acta de defunción".

Pueden ser cualquier tipo de mensaje y en cualquier formato, como notas de voz, vídeos, fotografías, cartas u otros recuerdos e historias particulares, cuyo autor podrá ir modificando antes del deceso.

Se trata de un servicio existente en diferentes países y que también en España se impulsa centrado en el valor sentimental, en dejar mensajes emotivos, al margen del testamento digital.

El proyecto reproduce la idea de la película *Mi vida sin mí*, de 2003, en la que Ann, de 23 años, que vive su vida con sus dos hijos y su marido da un giro dramático, cuando su médico le dice que tiene cáncer de útero y solo dos meses de vida. Redacta una lista de cosas que quiere hacer antes de morir, así como una serie de mensajes en cintas grabadas para cada uno de sus seres queridos, para que escuchen en momentos especiales después de su muerte.

La idea de crear la herramienta que grabe todo tipo de mensajes, con el propósito de ser entregados a los destinatarios indicados en una fecha concreta, surgió según el empresario, para ayudar a los dolientes.

En 2012 surge una plataforma para gestionar el "legado digital" llamada *DeadSocial* y en 2015 una Asociación con este mismo fin, con base en Reino Unido, para asistir a profesionales de la salud, pacientes y cuidadores sobre cómo gestionar las redes sociales y otros bienes digitales cuando alguien fallece o va a fallecer. La plataforma hay quien la compara con una caja de recuerdos digital en la que, en lugar de dejar un video o una foto, se puede dejar mensajes para que los reciban los amigos o seres queridos digitalmente.

Hacer un testamento digital y tomar decisiones ahora sobre quién será responsable de todos los bienes digitales cuando fallezcamos, es un modo de expresar el deseo de control sobre la propia imagen *post mortem*. En América Latina no existe una regulación similar al Reglamento General de Protección de Datos (RGPD) de Europa. Cada país latinoamericano tiene su propia regulación. Eso genera una falta de homogeneidad normativa que hace que haya países en los que el derecho a la protección de datos goce de un amplio reconocimiento, y que en otros sea inexistente.

En términos generales, se extinguen los derechos de la persona cuando fallece, aunque la ley ha tenido en cuenta que los familiares, herederos o terceros pueden ostentar cierto derecho sobre esos datos, y así lo reconocen la mayoría de las normativas.

Actualmente, algunas personas desean negarse a todas las posibilidades de uso de su imagen después de muertos, negarse a todo tipo de planificación y situarse en una postura tradicional, según la cual, alguien manejará lo que corresponda, en su momento, sin planificación ni previsión alguna. Quienes más se sitúan en esta postura, insisten en el borrado de la huella digital. La huella digital se refiere a la información personal y rastro que una persona deja en línea. El borrado de la huella permite a los familiares preservar la privacidad y la intimidad del difunto y evita que pueda ser utilizada de manera inapropiada o incluso maliciosa.

Entonces, se habla de "derecho al olvido", como aquel que permite solicitar, bajo ciertas condiciones, que los enlaces a los datos personales de un individuo no figuren en los resultados de ninguna búsqueda de Internet realizada con su nombre. Esto se recogió en la sentencia del 13 de mayo de 2014 del Tribunal de Justicia de la Unión Europea, así como en el Reglamento 2016/679 de Protección de Datos, obligando a los buscadores de Internet a ofrecer todas las facilidades para suprimir cualquier dato personal que la persona interesada quiera hacer desaparecer y que se conoce como borrado de la huella digital.

Según la Ley Orgánica 3/2018, de 5 de diciembre, de Protección de Datos Personales y garantía de los derechos digitales, las personas vinculadas al fallecido por razones familiares o de hecho, así como sus herederos, podrán solicitar el acceso a los datos personales para su rectificación o supresión. En caso de cuentas en redes sociales o servicios de almacenamiento de imágenes o documentación, se impartirán las instrucciones que se estimen oportunas sobre su utilización, destino o eliminación. Todo ello también podrá ser realizado por las personas o instituciones a las que el fallecido hubiese designado expresamente para ello y que se conocen como albacea digital.[29]

29. *Derecho al Olvido y borrado de la huella digital*, en: https://revistafuneraria.com/familia/derecho-al-olvido-y-borrado-de-la-huella-digital/

12

"Resurrección" digital en el móvil o "ahora mismo vuelvo"

Si Dios había muerto, como habrían confirmado Nietzsche y demás maestros de la sospecha, algunos afirmarán ahora, en la era digital, ha vuelto a resucitar. Se llama "Inteligencia artificial" y tiene el poder de dar vida a los muertos. Durante toda la historia de la humanidad hemos cultivado ilusiones de retorno, de vida *post mortem*.

Las religiones han promovido la dimensión espiritual, el consuelo psicológico derivado, la dimensión social y ritual, las motivaciones al bien a partir de la culpa generada por la hipótesis de no llegar a conseguir esta nueva forma de vida inmortal. Hoy es el mundo digital el que nos ofrece una reconstrucción de los seres queridos para apaciguar la angustia existencial generada por el gran misterio de la condición humana: la muerte.

"Ahora mismo vuelvo" fue un episodio de la serie de ciencia ficción distópica *Black Mirror*. Fue escrito por el creador de la serie Charlie Brooker. Dirigido por Owen Harris se estrenó el 11 de febrero de 2013.

Esta es la trama del episodio: Ash vive enganchado a las redes sociales. Constantemente interactúa, graba, comenta lo que ocurre. Cuando fallece en un accidente de coche, su pareja,

Martha, queda devastada. Cuando descubra que está embarazada, eso no aliviará el dolor por la pérdida. Sin embargo, desarrollos tecnológicos le abrirán una puerta inesperada. Un *software* de última generación permite que hable con Ash (o con una simulación de él) que se nutre de la cantidad de vestigios que ha ido dejando en internet. La simulación es tan real que poco a poco Martha se va enganchando a estar constantemente conversando con ese Ash virtual. Y cuando se le plantee la posibilidad de dar un paso más, y crear un androide con los rasgos y memoria del fallecido, no dudará en aceptarlo. Así, Martha tendrá una copia androide de su pareja Ash, gracias a esta "resucitación virtual".

La inteligencia artificial y los simuladores humanos son algo que lentamente va introduciéndose en nuestro contexto. La forma de conjugar la tecnología, los desarrollos futuristas y los escenarios plausibles junto con las grandes cuestiones de la existencia –el duelo y la muerte– hacen de este episodio una provocación de rabiosa actualidad, vital para reflexionar sobre el duelo y la esperanza.

Se plantean algunas cuestiones desasosegantes del panorama actual, en concreto la cantidad de datos que vamos dejando desperdigados por las redes, capaces de reconstruir "un ser" a imagen y semejanza de nosotros mismos por la elaboración de toda esta información hecha de huellas en forma de conversaciones, imágenes, reacciones... Internet no olvida. Todo queda ahí. No habiendo olvido digital, puede "darse vida" a un pasado integrado en un presente con forma similar a quienes somos.

El episodio "Ahora mismo vuelvo" muestra cómo hay un momento en que Martha parece preferir esa presencia virtual de Ash a las relaciones reales con personas de su entorno.

La "persona construida virtualmente", digamos "resucitada", no contiene los límites de la fragilidad, vulnerabilidad y libertad, de modo que se convierte en un esclavo. En una sociedad que está volcada al mundo digital, nos planteamos también cuánto efectivamente esto esté favorecido porque en él podemos controlar al otro minimizando su dimensión negativa y limitada, y en parte, su libertad.

Si ya nos habíamos percatado de las posibilidades que están a nuestro alcance con los códigos QR en las lápidas que permiten ser escaneados y pronunciar la mágica frase "Lázaro, sal fuera", consiguiendo en nuestro móvil una colección de fotos, audios, sonidos, etc., que dan vida al ser perdido, si ya éramos conscientes de los millones de perfiles de *facebook* vivos en la red, pertenecientes a personas fallecidas, o "resucitados" por los sistemas o los supervivientes... ahora nos damos cuenta del poder de "dar vida a los muertos" para evitar atravesar el duelo.

Uno de los temas que trata el capítulo "Ahora mismo vuelvo" es precisamente el del dolor del duelo. En un intento exasperado por evadirse del sufrimiento de la pérdida, Martha, gracias a su amiga que se lo cuenta, hace que la tecnología digital "resucite" a Ash y en una primera fase lo tenga accesible a través del móvil y el ordenador, y en una segunda fase, en forma de un androide que pareciera inspirado en el "cuerpo espiritual" con que San Pablo describía la resurrección cristiana.

Pero no hay evasión posible, parece ser la conclusión de esta historia. No hay sucedáneos para las personas que puedan llenar el hueco de su ausencia. Y ante determinadas experiencias, no queda otra que aceptarlas, integrar el dolor y seguir adelante. Lo contrario es quedar atascados sin poder pasar página alguna.

El mundo digital nos presenta múltiples novedades en relación con el duelo. Algunos estudios dicen que todos estos aspectos constituyen una dificultad ("una pulga", hemos escrito nosotros)[30], un factor que aumenta la vulnerabilidad al duelo complicado. Las ilusiones de resucitación abren paso a la negación de la radicalidad y del drama de la irreversibilidad de la muerte.

La humanidad ha intentado, durante toda la historia, afrontar el fatal destino de la muerte a través del dinamismo de la esperanza. Ahora bien, la esperanza es como la sangre, imprescindible para vivir estando en circulación. La esperanza nos permite apoyarnos –como ancla– en la pena, agarrarnos en el vacío, lanzar el deseo de lo más hondo del corazón a un futuro que realice lo anhelado transformando el presente en algo soportable.[31]

Unamuno decía: "¿No será la absoluta y perfecta felicidad eterna una eterna esperanza que de realizarse moriría? ¿Se puede ser feliz sin esperanza? Esperanza, esperanza siempre".

Cuando, en el episodio "Ahora mismo vuelvo" de la serie de *Black Mirror*, encontramos la esperanza de Martha de volver a tener a Ash cumplida (aunque en forma de androide), se convierte en más insoportable que la misma ausencia. El duelo tiene que ser duelo y la resucitación no mata el dolor. Martha deseará el suicidio del resucitado Ash para liberarse de un ser que no sufre, no tiene libertad ni límites, que no muere. La resucitación del muerto se convierte en algo más cruel que el mismo dolor de la muerte. La resucitación del ser querido, mata la esperanza y sin esperanza, la vida es insoportable.

---

30. Bermejo, J. C., Magaña, M., Villacieros, M., *Las cinco pulgas del duelo*, PPC, Madrid 2016.
31. Bermejo, J. C., *Estoy en duelo*, PPC, Madrid 2024.

"¿Qué hace que seas tú?" le pregunta Martha al androide Ash. Y la respuesta de ser la combinación del rastro digital, es frustrante. Es un ser construido a partir de patrones del pasado, sin libertad en el presente, sin incertidumbre hacia el futuro. Nos hace ser quienes somos también ser finitos, nuestra condición mortal. Vale la pena vivir y el amor tiene sentido también porque se lo da el mismo límite de la muerte.

Para que el amor a los seres queridos que perdemos sea inmortal, la esperanza tiene que ser mortal o, al menos, no verse satisfecha para ser tal.[32]

La esperanza tiene permiso para seguir soñando, proyectando, anhelando, comprometiendo, pero no para ver realizados sus deseos en el duelo porque así, también ella moriría.

La antropología tiene tarea pendiente en los tiempos que corren ante los desafíos de las tecnologías digitales.

32. MAGAÑA, M., BERMEJO, J. C., *Modelo Humanizar de intervención en duelo. Centro de Escucha San Camilo*, Sal Terrae, Santander, 2014.

13

Todos somos... Duelo colectivo

Cuando se produce un atentado en un lugar representativo o vivido como importante por el imaginario social, desencadena reacciones en el mundo digital de solidaridad como "todos somos París", "todos íbamos en el tren de Atocha", "todos estábamos en las Ramblas de Barcelona", o en la DANA de Valencia, etc.

Se ponen lazos negros en los perfiles o velos que muestran un color simbólico de un estado de pseudo-duelo que termina siendo colectivo, pero que no contiene las características de un duelo por la ruptura de un vínculo significativo o pérdida de un ser querido por fallecimiento.

En general, estamos acostumbrados a que, cuando se produce una catástrofe de grandes dimensiones –ya sea un atentado o un accidente muy grave–, las cadenas de televisión retransmitan las imágenes del suceso para darle una cobertura global.

También está sucediendo con casos puntuales de accidentes que afectan a una sola persona.

A menudo ocurre que, durante los días posteriores a la tragedia, todos los canales de televisión emiten en horario casi continuo las últimas novedades relacionadas con las víctimas, la atención a los afectados y las investigaciones del suceso.

Es cierto que la exposición a las imágenes de un suceso traumático tiene un efecto retraumatizante en la población, incluso cuando son vistas por personas que no han perdido a ningún ser querido en la tragedia. Generan también una forma de interés y de identificación con los afectados, que produce un tipo de reacciones que podríamos llamar de solidaridad virtual.

Cabe preguntarse cuánta de esta solidaridad es tal. Y cuánto de la información tiene como fin el de informar de manera objetiva y desde el conocimiento promover prevención o ayuda, y cuánto responde a intereses de audiencia, generando efectos de incremento del morbo.

Este tipo de reacciones de aparente interés por cómo se producen las actividades de rescate o cuál es la envergadura del drama, son procesos que involucran a una sola o varias pérdidas, y muchas personas viviéndola al mismo tiempo y sintiendo casi exactamente lo mismo, y comentándola abundantemente, la convierten en tema durante días.

Cuando una sociedad llora sus muertos y sus líderes, aumenta la cohesión de grupo y la esperanza de continuidad hacia el restablecimiento del orden y de las estabilidades necesarias en la vida social y personal. Al prever su muerte, un buen líder, además, lega palabras de sosiego, compasión y esperanza para sus seguidores, muy similar a lo que hace el agonizante con su familia. Esto ayuda en la empatía a la unificación de dolientes, la búsqueda del sentido existencial o espiritual, la reafirmación de la continuidad a pesar de la fractura que impone la muerte.

Pero cuando la víctima aparece en la escena pública por primera vez, la dinámica es más morbosa que de equilibrio social.

Hoy, por otro lado, como en la mayoría de las prácticas, las relacionadas con el duelo han integrado lo digital y, al hacerlo, se transforman permanentemente. Las relaciones en línea no están reservadas a un espacio-tiempo concreto, como el cementerio o el columbario durante el entierro. Los grupos digitales de duelo permiten conectarse en todo momento y generar cadenas de "vínculos", opiniones y expresiones que socializan de tal forma el duelo que pasa a ser una forma de "duelo colectivo" lo que pensábamos que era duelo personal.

El duelo individual tiene más potencial de asemejarse al duelo colectivo.[33] Una "comunidad" o grupo de personas viven una pérdida significativa uniéndose por la vía digital en formas que pueden ser de memorialización digital, pero que se produzcan entre personas no próximas, no encarnadas, no abrazadas, incluso desconocidas, que pueden generar una ilusión de comunidad.

33. Rodil, V., *Los ritos y el duelo,* Sal Terrae, Santander 2021.

14

Pornografía de la muerte y del duelo

En algunas ocasiones, contemplamos una forma de "pornografía de la muerte", término introducido por el antropólogo Geofrey Gorer en 1965.

La estrategia de las cadenas de televisión, ya no muestran demasiados rostros de niños pasando hambre. Ya aprendieron que "es de mal gusto" molestar a los ciudadanos con imágenes inadecuadas. Pero sí consideran adecuado mantener la atención del país en torno al drama del ambiguo duelo de una familia cuyo niño cae en un pozo, como fue, por ejemplo, el caso del niño Julen en 2019, o una joven asesinada y no aparecida, como Marta D.C. en 2009, haciéndonos acompañar virtualmente el penoso camino de la esperanza de encontrarlo vivo o recuperar los restos.

La muerte se vuelve "pornográfica", es decir, se juega con ella mostrándola en público con formatos que serían de propiedad íntima y del entorno privado, como los restos o los detalles que acompañan al final al propio cadáver.

Escribía Susan Sontag, en el 2003: "Ser espectador de calamidades que ocurren en otros lugares se ha vuelto un rasgo intrínseco de la modernidad".[34] Las imágenes de la violencia,

---

34. SONTAG, S., *Ante el dolor de los demás*, Alfaguara, Madrid 2003.

el terrorismo, las catástrofes y la guerra se van convirtiendo, a través de la pequeña pantalla, en lugares comunes. Susan Sontag nos presentó las implicaciones y los peligros que esto tiene para la sociedad contemporánea. Ya no podemos ser inocentes, somos testigos. Y este planteamiento desemboca en cuestiones fundamentales: la manera en que las imágenes pueden generar rebeldía, fomentar la agresividad o derivar en apatía; la naturaleza de la guerra; los límites de la compasión y la solidaridad; y finalmente, la responsabilidad individual. Sontag explora cómo nos representamos el dolor de los demás, particularmente en el mundo fotográfico.

Hay algunas cuestiones que no hay que perder de vista, como el hecho de que el sufrimiento posee dimensión política y social, que el uso de las imágenes de sufrimiento forma parte de la llamada "cultura del espectáculo", además de tener que cumplirse una serie de leyes de protección de la imagen y de la información sobre la vida privada. Por otro lado, la imagen fotográfica no puede ser confundida con la densa realidad del dolor de las personas y los grupos afectados por un trauma. No cabe duda de que la saturación de imágenes puede incrementar nuestra insensibilidad de forma que perdamos capacidad de reacción ante el dolor de los demás, en lugar de incrementar la solidaridad.

En efecto, una cosa es mirar el sufrimiento y otra reconocerlo y dar una respuesta compasiva adecuada. No falta quienes se entretienen y prefieren ver el mal que provocan o sufren los de allí, al tiempo que silencian el mal de aquí, de los próximos y en la cotidianeidad.

También durante los tiempos de hiperatención a eventos que se convierten en "pornográficos de la muerte", hay que estar atentos ante las racionalizaciones que sobre el sufrimiento ofrecen los poderes establecidos. Se suele hablar de manera que sobre ello se puede pensar y compartir conversaciones, lo cual es diferente del sentir el drama en carnes propias.

En los últimos años, con la moda importada de Oriente de los "Cafés de la muerte" o *Death Cafe*, impulsada en 2011 en Londres y ahora también en España, hemos ayudado a ciertas personas a afrontar la reflexión sobre la muerte de una manera que puede ayudar en el desarrollo y madurez humana. Pero hemos dado también el salto al "*voyeurismo* de la muerte": los medios y la cultura de masas llenan nuestras vidas de imágenes del duelo ambiguo por un niño próximo. La colectividad expectante finge una virtual empatía acomodándose en el sofá.

Al levantarse cada día, numerosas personas conectan por los diferentes medios y navegan por las redes para encontrar una actualización o esa foto de un superviviente o un cadáver que ponga punto y aparte a una historia seguida con un extraño interés durante un tiempo. Una historia comentada en conversaciones superficiales en las que no se sabe bien si se trata de solidaridad o de despiste de problemas próximos y de igual o mayor envergadura. Una forma de buscar muerte que no nos toque de cerca, para así, de alguna manera, controlarla y verla sin que nos afecte más que en un nivel superficial de eso que no se sabe si llegan a ser sentimientos.

Hoy hablamos también de "pornografía del duelo", para referirnos a algunas posibilidades que tienen ciertas personas de socializar su duelo en las redes, interactuando con otros, en su mayor parte anónimos o desconocidos, y mostrándose como unidos en el rol de quien tiene algo en común: un ser querido muerto, no necesariamente el mismo, ni conocido.

El ritual del duelo *online*[35] utiliza las bases del efecto *Facebook* –ese espacio donde todos parecemos felices– para convertir en norma la operación del dolor. Que el dolor esté, pero contenido; como un desnudo cuidado, que revele, pero no del todo. El duelo dictado por un instructivo que está detrás de una agitación específica: que no haya víscera, que no sea sórdido, que sea ante todo aleccionador. Que sea un acto de valentía pero que sirva para la propia actualización. Es un recorte miope: el nuevo culto del duelo juega con las esferas "vida" y "muerte" pero erosiona por completo las particularidades de sus vínculos, un *modus operandi* sensacionalista que destila promesa.

En esta exhibición del propio duelo en las redes, la muerte es un tamiz más en la búsqueda. A veces lloramos músicos, actores, gente que impactó el mundo. Cuando es alguien cercano, alguien común, el impulso es darle mundo a esa gente. Inmediatamente necesitamos pensar el momento, contextualizarlo, agarrarlo. Mostramos todo ahí, en público, publicitariamente ensamblado por uno para recorrer cuando sea. Un espacio que permite alojar nuestra propia narrativa: sentir que estamos a una verdad de poder acceder a una vida sin límites. No somos víctimas, decimos con fotos, frases y recuerdos de momentos felices. Aún si después no cambiamos nada, no aprendemos nada, volvemos a la vida normal y no la vivimos al máximo, mientras se mantenga el vértigo de que todo es posible podemos continuar.

---

35. https://laagenda.tumblr.com/post/145608031370/pornograf%C3%ADa-del-duelo

15

Lázaro, ¡sal fuera! Códigos QR en lápidas

Un código QR (*Quick Response* o «código de respuesta rápida») es una evolución del código de barras. En apariencia es una "mancha negra" cuadrada, un módulo que sirve para almacenar información en una matriz de puntos o en un código de barras bidimensional. Presenta tres cuadrados en las esquinas que permiten detectar la posición del código al lector y escaneado por un dispositivo celular o teléfono móvil se convierte en un *link* que remite a una información almacenada en una URL o página de internet.

En algunas lápidas de cementerios existen códigos QR para que los visitantes, particularmente familiares y amigos, puedan escanearlo con el móvil y acceder a una recopilación de imágenes, videos o música personal del difunto. De esta manera, en lugar de grabar una inscripción o encuadrar una imagen en la lápida, los proveedores de estos servicios ofrecen la posibilidad de personalizar el recuerdo de un ser querido. La empresa que produce estos servicios tiene que recabar de la familia la información deseada para que sea evocada de esta manera que, metafóricamente podemos asociar con la frase de Jesús en el relato de la reanimación de su amigo Lázaro: "sal fuera", fuera de la tumba.

El código QR de las lápidas puede ser de acceso público o privado, dependiendo de la elección del cliente. Cuando los autorizados (o todos) escanean esta imagen esculpida en la piedra o en un metal, se accede al contenido multimedia creado para la persona fallecida y así se recuerda de una manera animada y única. Los precios de este servicio oscilan, obviamente en función del trabajo de elaboración de la información, si incluye una biografía del difunto en forma de colección de fotos e información de la vida y momentos importantes o si comprende también un video con música particularmente elegida en función de gustos de los supervivientes o del propio difunto. También contemplan la posibilidad de mantenimiento, modificación, actualización por parte de los familiares.

Este servicio y nueva costumbre de incluir códigos QR en lápidas y columbarios está relacionado también con la tendencia al alza de ritos laicos en lugar de religiosos. Digamos que va teniendo lugar la aparición de estas posibilidades a la vez que van desapareciendo los símbolos religiosos que, leído en clave antropológica es un desplazamiento de la fe religiosa hacia la clave más individual y centrada en el ser humano.

16

Revivir a un ser querido con realidad virtual en 3D

Esta es la noticia de algunos periódicos que convierten el dolor personal de una madre en objeto de atención y de ensayo: Una madre se reúne con su hija muerta hace 4 años gracias a un modelo 3D, creado para un programa de televisión que pretendía explorar los recuerdos y lo que podríamos decir al familiar fallecido en un encuentro virtual.[36]

Tras la muerte, el cadáver se va convirtiendo cada vez más en algo invisible, en un objeto sin importancia y llamado a desaparecer cuanto antes, entregándolo a los profesionales de su tratamiento, o tanatopractores, de los que nos esperamos un retorno lo menos molesto y aparatoso posible para volver a la normalidad sin restos. El cementerio pierde así su valor simbólico como "lugar de los muertos" y lugar de peregrinación, símbolo cultural de respeto y memoria del pasado, reclamo filosófico del destino universal. La sociedad gaseosa –más que líquida– no quiere muertos físicamente cerca.

Pero las posibilidades de reconstrucción del mundo virtual están cada vez más al alcance de la mano y la madre que ha perdido a su hija, puede acariciar la cara de la réplica virtual de

36. https://www.lavanguardia.com/vivo/psicologia/20200216/473550400762/realidad-virtual-reune-madre-hija-muerta.html

su hija gracias a esa réplica de la televisión coreana. Fallecida a los 7 años, 4 años después, los creadores del documental, le ofrece en 2016 una experiencia de reencuentro con unas gafas tridimensionales y un guante que permite la sensación del tacto.

Los creadores del documental dicen que su intención es intentar responder a preguntas sobre cuáles son los mejores recuerdos que tenemos de un ser querido fallecido y qué le diríamos si pudiéramos reencontrarnos con él. Se trata de hacer, en el fondo, una experiencia semejante a la que la naturaleza nos proporciona espontáneamente a través de los sueños o de las alucinaciones asociadas al duelo, pero en este caso, consciente y voluntariamente, con ayuda de la tecnología que permite "ver y tocar". Unas gafas de realidad virtual y unos guantes táctiles permiten tener la sensación de ver, tocar, oír... interactuar, al fin y al cabo, en un plató. Parece más bien un experimento que puede estar anunciándonos las posibilidades tecnológicas asociadas al duelo, los nuevos productos que podrán estar en un mercado que salga al paso de la dificultad y del sufrimiento que atravesamos con ocasión del dolor del duelo.

Si el punto de partida de las experiencias de "encuentro virtual" fuera la aceptación de la pérdida, la experiencia podría tener alguna finalidad, aun sabiendo que tiene el precio de tener que vivir una nueva separación y que podría generar deseo de repetición o de continuidad de la relación en nuevos encuentros virtuales cuya gestión se haría imposible y psicológicamente contraproducente.

No hay que ignorar la importancia de purificar las motivaciones por las que este tipo de experiencias se realizan. Y las motivaciones por las que se podrían difundir y hacerse accesibles a más personas. ¿Hay realmente un deseo de ayudar de manera personalizada a vivir y realizar sanamente el duelo? ¿Hay intereses exclusivamente investigadores para ampliar el conocimiento en torno a los resultados de la experiencia, a modo de experimento? ¿Es un interés mercantil, económico, que explora un eventual nicho de mercado para generar productos para los dolientes con recursos, aprovechando de su fragilidad?

No falta quien considera que revivir a alguien con este realismo, con una experiencia sensorial tan fuerte y sometido a la observación de otros, es una forma de "pornografía del duelo o sentimental", contraproducente para la persona protagonista. El salto, entre contemplar una fotografía o un video a reconstruir una escena que permita estimular diferentes sentidos, es obvio. En este caso se trata de mostrar de forma perceptible el deseo de que la persona vuelva, de sentirlo presente e interactuar. No deja de ser, por tanto, una forma de reforzar la negación de la realidad de la muerte y sus implicaciones. La eventual reiterabilidad de esta experiencia o el deseo de realizar otras nuevas semejantes, serían una forma de boicotear el proceso del duelo.

Las claves tradicionales de expresión, tales como: "dejar marchar", "enterrar", así como el realismo de un cementerio, contribuyen a transformar el vínculo mantenido con el ser querido fallecido, un vínculo más emocional y espiritual que sensorial. Ciertamente, no se trata de demonizar la tecnología, puesto que por sí misma no es ni buena ni mala, sino discernir en qué medida la aplicación de la realidad virtual en el acompañamiento y vivencia del duelo contribuyen a humanizar el proceso o se convierten en un factor que aumente la vulnerabilidad al duelo complicado.

Una vez más, hay que decir que el sueño de toda la historia de la humanidad, el sueño de vida después de la muerte, el sueño de inmortalidad, el anhelo de resurrección y la hipótesis de un reencuentro, tienen más de creencias ligadas a las religiones y cuya posibilidad de realidad estaría en el mundo del misterio y en las manos de Dios, que en la tecnología que alcanza posibles para el más acá.

La resolución a modo de problema de algo que le pertenece al rango de misterio, más que conquista humanizadora, puede traducirse en un peligroso juego de maquinitas que quieren desafiar la fragilidad radical del ser humano y entran en el *sancta sanctorum* de la existencia humana: la muerte.

Desengañémonos. En el encuentro virtual con el fallecido, no solo hay una experiencia. Hay una resucitación de mano del ser humano, una proclamación del poder humano de carácter divino, con capacidad de dar vida de nuevo, después de la muerte. No es menos relevante la idealización propia del proceso del duelo: el ser querido, en el reencuentro virtual, no está enfermo, no sufre, vive en un limbo del que, por otro lado, no trae noticias. Se trata de un bienestar exclusivamente emocional e individual, con poderes de hacerse presente en la vida terrenal, pero que inexplicablemente, no los despliega con frecuencia o antojadizamente, sino solo a golpe de dinero del superviviente en duelo, a beneficio del intermediario con este paraíso virtual.

Al fin y al cabo, se trata de "una forma de aparición", antes reservadas a los personajes próximos a la divinidad en el mundo religioso. Una forma de aparición con todas las de la ley, con experiencia sensorial y mensajes supuestamente tranquilizadores y consoladores para quien vive más acá, en las coordenadas de la frustración y el límite ante la ausencia.

La realidad virtual, aplicada a entornos lúdicos, de investigación e incluso para desarrollos médicos, en los que especialistas pueden practicar delicadas operaciones quirúrgicas antes de intervenir directamente, constituye un avance tecnológico humanizador.

La realidad virtual, aplicada al entorno del sufrimiento y del duelo, generando ilusiones de retorno y supervivencia, genera la engañosa ilusión de vida y la trampa de tener que revivir repetidamente la separación.

Lo que podría ser un ensayo, una prueba, cada vez está más al alcance de las personas. Por eso, podemos leer titulares como "Cuando su mejor amigo murió, ella lo reconstruyó digitalmente".[37] "Si solo pudiera volver a hablar con él", es lo que piensan muchos cuando pierden a un ser querido, sobre todo de manera súbita. El *chatbot* creado con el rastro digital piensa y responde como lo haría el ser querido. Obviamente, comete errores y no puede siempre tener ideas nuevas o mantener un hilo de conversación específico, pero simula ser muy próximo al ser querido. Algunas personas confiesan que con los *bots* aprenden a hablar sobre las emociones y pensamientos sin miedo a ser juzgados, y a decir cosas que no se habían dicho nunca personalmente.

Con algunas personas famosas, como es el caso de Lola Flores, alguna empresa ha creado nuevos anuncios (Cruz Campo, con Microsoft) mediante la inteligencia artificial, emulando con mucha precisión la voz, el acento, los gestos, el rostro...[38]

---

37. BBC News Mundo, 6 octubre 2018, en https://www.bbc.com/mundo/noticias-45727287

38. https://www.xataka.com/robotica-e-ia/lola-flores-vuelve-a-escena-gracias-a-deepfakes-nuevo-anuncio-cruzcampo

Los gemelos digitales no solo tienen el potencial de mejorar la precisión y personalización de los tratamientos, sino que también pueden transformar cómo prevenimos y gestionamos las enfermedades, llevando la sanidad a nuevas alturas. Con estos avances, nos encontramos en el umbral de una nueva era en la sanidad, donde la tecnología y la personalización jugarán un papel crucial en la mejora de la salud y el bienestar de la población.

17

Humusación

En la era digital, también el cuerpo humano material puede ser tratado de diferentes maneras. En el pasado concebían el enterramiento como el modo más propio y respetuoso, como modo de devolver a la tierra la materia del ser humano. Los cementerios se consideraban un lugar de respeto, reverencia y destino del cuerpo humano material. Más tarde se incorporó la costumbre de la incineración que, al día de hoy, va al alza como práctica cada vez más frecuente, depositando las cenizas en lugares *ad hoc*, y, en algunos casos (desaconsejado por los referentes espirituales),[39] liberándolas en el monte o en el mar. También han surgido costumbres de elaborar joyas con las cenizas, en forma de colgantes, anillos o pulseras, siendo esta práctica cada vez más habitual en muchas empresas fúnebres y teniendo un impacto diferente en quienes la practican, a nivel emocional y espiritual.

Con la digitalización y la tecnología y sensibilidades diferentes, también se refuerzan otros aspectos relacionados con el tratamiento de cuerpo muerto. En el mes de diciembre de 2019 recibí una consulta de un alumno de la universidad politécnica

39. Instrucción pastoral de la Conferencia Episcopal Española: *Un Dios de vivos*, 18 noviembre 2020.

de Delft (Holanda). El consultante me refería que estaba desarrollando un producto para el proceso de "humusation", una nueva técnica sustituta al entierro y cremación convencionales. La técnica consiste en descomponer el cuerpo semi enterrado en una pila de *compost*. Al cabo de un año se pueden trocear las partes duras y solo queda *compost*. El consultante me decía: "Sé que suena extraño, pero en Washintong ya es legal y en Bélgica son pioneros a nivel europeo (https://www.humusation.org/)".

El consultante refería que estaba desarrollando un producto a nivel estudiantil para poner el *compost* al cabo de un año y poder así cultivar una planta. Decía haber hecho entrevistas a conocidos centrándose en los sentimientos que han experimentado las personas cuando ha muerto alguien querido, cómo han afrontado el duelo y cómo se sienten al cabo de un año. Casi todo el mundo comentaba que al cabo de un año solo sienten nostalgia y recuerdan los buenos momentos (se les escapan sonrisas). Desde este punto, el alumno pretendía diseñar para al cabo de un año del fallecimiento, este servicio, y la pregunta que me hacía era sobre cómo puede afectar al duelo tener una maceta con tierra de un ser querido en casa, si puede ser beneficioso para superarlo, inocuo o dañino.

Mi breve respuesta quiso contextualizar el hecho de que la pregunta era formulada desde Holanda, y respondida desde España. Este aspecto es importante, porque aun habiendo cuestiones del ser humano que son universales, hay aspectos que son vividos mucho en una clave que está influida por la cultura. La cultura mediterránea es más "caliente", tiene un particular contacto con lo emocional, con lo corporal, con lo visible, con la tradición heredada... y entiendo que puede ser menos interesante una innovación del tipo del proceso de *humusación*.

Por otro lado, estudiando el proceso del duelo desde el punto de vista psicológico, considero que "recuperar" después de un tiempo de forma simbólica y tangible restos de la persona perdida, puede contribuir a dificultar la primera tarea del duelo que todos los modelos interpretativos formulan en clave de "aceptar la realidad de la muerte" (W. Worden)[40].

Hay, ciertamente, problemas en un conjunto de personas que tienen dificultades con la gestión de los lugares donde han esparcido las cenizas, como, por ejemplo, el jardín de una casa, cuando se quiere vender. En este caso, sin duda, surgirían situaciones como: ¿qué pasa cuando la planta se seca?, ¿qué pasa con el tratamiento de esa "tierra" en cuanto a las actitudes de su propietario y los eventuales sentimientos que le genera de "reverencia" o respeto...

Personalmente, soy más partidario de que, para los restos humanos, se utilicen lugares simbólicos comunes, controlados sanitariamente y que ayuden psico-espiritualmente a los supervivientes a "colocar" al ser querido, mientras lo "recolocan" en el corazón. Aunque esta práctica no está vinculada directamente con la inteligencia artificial y los procesos de digitalización, tiene su vinculación en cuanto que está en la misma línea de prolongar los vínculos *post mortem* de modos que pueden constituir una "pulga" más del duelo. No hacemos aquí una valoración general de las numerosas propuestas nuevas sobre el tratamiento de los cuerpos.[41]

---

40. WORDEN, W., *El tratamiento del duelo*, Paidós, Barcelona 2022.
41. https://www.businessinsider.es/7-opciones-ecologicas-cuerpo-despues-morir-478575

II

Impacto de la pandemia en el duelo

A mediados de marzo de 2020, en la primavera europea, apareció un virus, tras un período de expansión en China, que generó una situación insospechada, afectando directamente a los procesos del final de vida de miles de personas y a los de elaboración del dolor por la pérdida de un ser querido de tantos.

Estábamos aumentando en el nivel de participación en los ritos fúnebres, dada la posibilidad de hacernos presentes cuando un ser querido fallece. Lo hacíamos porque también las infraestructuras lo permitían: los viajes, los lugares de encuentro (tanatorios), y quizás también porque aumentaba la conciencia del dolor por la pérdida y el efecto benéfico del encuentro solidario, el abrazo, el acompañamiento, los ritos.

De repente, una realidad apenas conocida llamada estado de alarma y confinamiento en casa, nos hizo cambiar las coordenadas del morir. Se prohibió el acompañamiento al final de la vida y todos los ritos, más allá de la presencia de muy pocas personas en el momento del enterramiento o colocación de las cenizas en columbario. Se des-socializó el duelo.

Durante meses, miles de personas vivieron el final de sus vidas de una manera insospechada: solos, en casa, internados, en cuidados intensivos. Ayudados profesionalmente por los trabajadores de la salud, pero reduciendo los contactos con la familia y los seres queridos al teléfono, con las diferentes posibilidades que ofrece.

Pero, además, todos los que fallecieron afectados por el virus de la pandemia, fueron tratados de manera profesional –el cadáver– según la normativa vigente, sin ser vistos, velados, tocados, por sus seres queridos. Los dolientes mantuvieron una distancia legal que impidió la celebración de ritos, encuentros en tanatorios. Algunos dolientes se preguntaron si era verdad que su ser querido estaba muerto, si era verdad que lo que enterraron era su ser querido, además de preguntarse, en medio de la indignación, si había algo que pudiera restituir lo perdido, reparar el trauma atravesado.

En este contexto, la semilla que brotaba en relación con el uso del móvil y del mundo digital en cuestiones relacionadas con el duelo, creció de manera veloz. Fue el punto de encuentro, la posibilidad al alcance para no caer en la desesperación. El mundo virtual dio, hasta donde es posible, lo que la movilidad y la presencia no podían dar por imperativo legal.

En estas páginas exploraremos algunos aspectos como la experiencia de que la casa se convierte en tanatorio, los tanatorios virtuales (si se puede hablar así) creados, algunas claves para vivir el duelo en tiempos de digitalización.

Yo mismo, desde final de marzo de aquel año, y durante más de dos meses, sufrí las consecuencias del virus. Enfermé. Una neumonía bilateral, una afectación importante a los diferentes órganos, ingreso en hospital, aislamiento... y una fase de recuperación llena de incertidumbre y límites que hacían sospechar una nueva patología como consecuencia de la infección primera. En este contexto, también yo describo la experiencia del duelo por mí mismo, la elaboración cognitiva y afectiva –de manera anticipada– del significado de un eventual fallecimiento, con el duelo correspondiente para quienes me quieren y para quienes mi vida tiene implicaciones concretas.

El tema del duelo y los vínculos con el mundo digital habrá de ser profundizado para que no todo lo que ha llegado o se ha desarrollado con ocasión de los procesos de digitalización, se mantenga sin reflexión. Podrá contribuir a humanizar los procesos de elaboración del dolor por las pérdidas, pero de mano de los valores encarnados por los individuos, los grupos, las culturas.

1

Un momento insospechado para el duelo

Estábamos en un momento histórico de incremento de la participación y de la presencia en tanatorios y ritos funerarios, por la facilidad de movimientos, cuando nos llegó el mazazo del coronavirus.

Creíamos que avanzábamos en nuestras propuestas humanizadoras de acompañamiento en el duelo, nos profesionalizábamos en intervención especializada en los procesos que se complican, cuando nos dimos cuenta de que no todo estaba escrito.

Pensábamos que lo más importante en el acompañamiento en el duelo era saber estar, saber escuchar, que la palabra más fuerte que podíamos dar a un doliente era un silencio y un abrazo a modo de ancla para apoyarse, cuando sucedió que la proximidad necesaria para abrazarse, se hizo imposible.

Con la llegada del coronavirus, la salud pública impuso sus leyes por encima de todo y el bien común se sobrepuso al deseo particular de encontrarnos para expresarnos el afecto y condolernos.

El huracán del coronavirus, que se llevó a decenas de miles de personas, dejó a mucha gente en un duelo muy especial. Un duelo en el que, para protegerse de la infección, para evitar convertirse en transmisor potencial del virus a terceros, tuvimos que vivir los procesos de final de vida de nuestros seres queridos, y los momentos que rodean al fallecimiento, los rituales y demás... en la imposibilidad de la dimensión social del encuentro, de la formación de asambleas.

Fue un momento único que dificultó la transición al duelo *post mortem* por no poder vivir la dimensión comunitaria de los ritos con la presencialidad. Pero fue un momento también para la creatividad, para buscar formas de asambleas virtuales y ritos y encuentros en el mundo virtual y a través de la conexión del corazón.

Como proceso que es, el duelo no se tiene porqué cronificar ni posponer. Lo que puede suceder es que se complique de alguna manera, puesto la ausencia de cierre y de ritos aumenta la vulnerabilidad a la complicación. La pérdida duele. Y eso es el duelo.

Es posible hacer el duelo sin poder despedirnos de nuestro ser querido, sin poder abrazarnos con nuestros familiares, sin un velatorio. Sí, es posible. El duelo es un trabajo, con sus tareas: aceptación de la pérdida, expresión de los sentimientos que produce, adaptación al ambiente en que el difunto ya no está, inversión de energía en nuevas relaciones, cultivo de la esperanza... Estas tareas se pueden hacer, a pesar de no poder abrazarnos físicamente. Más aún: se deben hacer, al ritmo que se pueda, dejándose ayudar, pidiendo ayuda. El duelo, como proceso, no desaparece, sino que toma un color diferente. Se convierte también en un gran desafío.

2

Duelos inéditos

Efectivamente, el duelo que impuso el coronavirus fue inédito. Fue un duelo relegado a la intimidad máxima y entregado a la virtualidad. El ser querido "desaparece" de manos de los tanatopractores o profesionales de la gestión de los restos mortales. El final de la vida es privado de la intimidad de las relaciones en sintonía con la intensidad de los vínculos construidos en la vida.

Una ausencia o reducción al mínimo en torno a la persona en final de vida genera un sentimiento de desolación, de impotencia, de gran envergadura. La muerte la habíamos deseado íntima –quizás excepto en el mundo rural, más socializada–, pero rodeada al final de los seres queridos y popularizada en los ritos, al ser posible por los medios que nos permitían fácilmente hacernos presentes en tanatorios y ritos laicos y religiosos.

Durante ese tiempo se nos impuso una muerte íntima en la soledad y se añoró el sentido de los ritos y se aprecia el valor de los abrazos, justamente por su ausencia. No tenía precedente, sino en la muerte de seres queridos de los inmigrantes, con la que compartía estos aspectos de no participación en los procesos.

Los familiares no pudieron despedirse de sus seres queridos y se les enterró casi en la clandestinidad, solo con sus deudos más cercanos, y para eso, con un número restringido. Supuso una imposición que indignaba, dejaba desolación. Aumentó la vulnerabilidad a la complicación del duelo, pero también pudo generar creatividad para buscar medios alternativos, comunidades reunidas virtualmente en torno a las expresiones numerosas de los sentimientos a través de los teléfonos móviles. Algunos, en aquel tiempo, creamos recursos para usar virtualmente, minutos de rito de exequias grabados, para poder compartir, oraciones para el momento que vivimos. (A disposición en www.humanizar.es y www.josecarlosbermejo.es audio oraciones) Nos pareció conveniente dar fuerza a esta creatividad porque el vacío abre paso al sinsentido y podrá cobrarnos un precio alto. El ser humano se define también por los ritos de transición y de cierre. Y los más importantes son los que tienen que ver con el morir.

Fue el momento de reconocer el valor de la interioridad y de la conexión espiritual, además de virtual. También fue el momento de la confianza, de la entrega del deseo de expresar el afecto a los profesionales del cuidado al final y la expresión del respeto a los profesionales de las funerarias.

Algunas personas afrontaron este tipo de duelo con sus recursos personales, psicológicos, cognitivos, emocionales, relacionales, espirituales. Otras pidieron ayuda a expertos en el acompañamiento y vivencia del duelo complicado. Existen Centros especializados en esto, como por ejemplo los Centros San Camilo, desde 1997 accesibles en www.humanizar.es y también iniciativas nuevas que surgieron con ocasión de la digitalización progresiva.

Fue el momento de apreciar más los recursos de la lectura. Las numerosas relaciones en torno al morir nos ponían en sociedad. La soledad nos generó tiempo que pudimos gestionar en la lectura, no solo de los mensajes cortos, sino también de aquellos artículos y libros que pueden servir para empoderarnos en medio del sufrimiento y para comprender el proceso de adaptación y de elaboración del dolor por la pérdida.

En estas circunstancias, en ocasiones aparece el sentimiento de culpa. Cuando la culpa es racional, haya mucha responsabilidad o esté atenuada por las circunstancias, solo tiene un camino de curación: el perdón. A uno mismo, en primer lugar, y a quien pudiera haber participado en el proceso.

Cuando la culpa es irracional, es conveniente intentar desmontarla con el peso de los argumentos, si bien, transitoriamente, puede ser también un modo de empoderarse y no entregarse al sinsentido.

El duelo es un proceso de adaptación y de trabajo. De realización de tareas asociadas al dolor de la pérdida del ser querido. Es difícil definir el ritmo, porque depende no solo de las circunstancias en que se produce la pérdida, sino también del tipo de vínculo. Son numerosos los factores que pueden complicar el duelo. Este es uno más.

La atención al mundo emocional hay que equilibrarla para no saturar a la persona de lo que no sea capaz de procesar por exceso de mensajes o por su duración. El ritmo ha de ser respetuoso y acomodado a cada quien.

El doliente también tiene que priorizar a quién se dirige y de quién acepta la relación, porque el móvil y la capacidad de acoger mensajes y responderlos, es limitada. Es necesario autogestionarse con ponderación buscando lo que realmente construye y saliéndose de los dinamismos que se paran en la lamentación y en la dramatización.

Resignificar es un poder que tenemos: asignar un sentido a lo que vivimos. Aunque no lo encontremos, podemos decidir qué sentido queremos dar a la situación: un sentido de amor y solidaridad por la humanidad herida, una transformación del dolor en solidaridad hacia otros, una visión más amplia del mundo relacional, una oportunidad para reconocernos habitados por el Misterio.

3

Tanatorio en casa

El proceso creciente de digitalización y sus consecuencias, han impedido buena parte del narrar en el lecho de agonía, o narrar en el tanatorio, algo tan humano como humanizador. Quizás incluso un poco idealizado.

Pero es que, en efecto, acompañar a quien narra su vida está cargado de contenido simbólico, porque narrar la propia vida supone un verdadero esfuerzo. Narrar es poner en perspectiva acontecimientos que parecen accidentales. Es distinguir en el propio pasado, lo esencial de lo accesorio, los puntos firmes. Contar la propia vida permite subrayar momentos más importantes, e, igualmente, minimizar otros. Se puede, en efecto, gastar más o menos tiempo en contar un acontecimiento que en vivirlo. Para contar, es necesario escoger lo que se quiere resaltar, y lo que se quiere poner entre paréntesis. El relato crea una inteligibilidad, da sentido a lo que se hace. Narrar es poner orden en el desorden. Contar la propia vida es un acontecimiento de la vida, es la vida misma, que se cuenta para comprenderse.

El tanatorio es un lugar de narraciones. El coronavirus lo prohibió durante un tiempo. Relegó el relato al mundo de las comunicaciones telefónicas y breves, no en grupos, corrillos, ir y venir de personas hasta el cansancio y el agotamiento. El coronavirus no permitió levantar acta de "mira cuánta gente le quería", "mira cuánta gente tengo a mi alrededor para sujetarme", para elaborar una historia común en torno a la unión generada por el fallecido.

El tanatorio fue la propia casa, sin flores, sin coronas, sin cadáver, sin corrillos, ni siquiera los más íntimos, los propios miembros de la familia estrecha. Cada uno en su casa, como si fuéramos inmigrantes todos y el difunto estuviera en otro país, en otro continente al que no se puede llegar, en otra galaxia.

No tener al difunto en un lugar visible socialmente, genera una incertidumbre, una falta de evidencia. La veracidad de la muerte es solo lo que me han transmitido unas palabras tímidas de un profesional de la salud, sabiendo que, al hacerlo, daban un mazazo. La incredulidad que se genera normalmente en el duelo, como mecanismo de defensa universal ("me parece mentira"), se eleva a potencias grandes, puesto que no vemos, no tocamos, no ha habido proceso de verificación propia o de alguien de total fiabilidad para esta verdad tan íntima: un familiar directo. La verdad de la muerte se verifica desde la distancia, telefónicamente, por un ajeno, un profesional, y luego otro y luego otro. Todos profesionales del intento de rescatar de la muerte o de la gestión del cadáver, también estos lejanos, fríos, sin poder humanizar los procesos desde la proximidad y la personalización. Todo, contenido en la voz.

Una profunda soledad invadió a las personas en duelo durante la pandemia. No hubo abrazos, no hubo ni siquiera deseo de estar solos para descansar, porque la soledad fue impuesta. La casa se convirtió en un extraño tanatorio. Tan extraño que en ella no hay difunto, ni flores, ni personas, ni ir y venir. ¿Se volvió loco el mundo para dejarnos en esta situación?

4

Tanatorios virtuales

Solo quedó el mundo virtual. Mensajes cortos, llamadas que dan señal de ocupado, emoticonos, postales buscadas de aquí y allá, invadieron nuestras manos en la pequeña pantalla. Nada que nos tocara la piel, que nos apretara uno contra otro.

Fue la hora de la palabra, verbal y escrita.

Fue la hora de la difícil palabra, la que había estado en tela de juicio durante años, mientras subrayábamos la importancia del gesto, del abrazo, del apretón, del saber estar, de la mirada cómplice.

Entre las letras del wasap, hubo que relamer la intensidad y la proximidad de las comunicaciones que buscaban el consuelo. La impotencia, a ambos lados de la conexión, se masticaba a borbotones.

Algunos nos atrevimos, en estas circunstancias, a grabar también alguna oración, con voz propia, y ofrecer a dolientes. Palabras nacidas de la empatía que ponían nombre a sentimientos, y eran elevadas o dirigidas como flechas invisibles a lo más íntimo de nuestra intimidad.

No faltaron empresas que ofrecieron "tanatorios digitales" a sus clientes, o también servicios gratuitos, para velar virtualmente a los seres queridos, fallecidos expresamente por el virus.

Las empresas ofrecieron a los particulares que pudieran crear sus "eternos", que es como llamaron a las personas fallecidas, y los pudieran velar en el sistema. Quien quiso velar en el sistema, tuvo que entrar, por ejemplo, en e-terns.es y crear su entorno escribiendo una biografía, subiendo fotografías, estableciendo los parámetros de privacidad. Se trató, en el fondo, de crear a esa persona y hacer una biografía para recordarlo y compartirlo con la red de amigos o familiares directos para que esas personas, que tenían necesidad de dejar sus condolencias, pudieran hacerlo. Los familiares directos pudieron, después, ver este libro de condolencias y todas las muestras de cariño de sus amigos y compañeros. Algunos de estos servicios, en poco tiempo, alcanzaron numerosos difuntos velándose, buscando así hacer algo terapéutico.

La tecnología jugó, en este asunto, un papel fundamental, mientras estaba prohibida la concentración de personas en los tanatorios. El mensaje era "estoy junto a ti, aunque no pueda estar a tu lado". Muertes traumáticas como las acontecidas, parecen irreales. No había contacto visual y táctil con el cadáver, no había proximidad. Si no hubiera este tipo de "encuentros virtuales", habría desolación, muerte social.

Se trató de crear un nuevo concepto de despedida en el que rendir homenaje, "reunirse", expresarse, socializar la muerte, consiguiéndolo de una manera diferente a la habitual de toda la vida.

El velatorio digital contenía un libro de firmas y una biografía conmemorativa. Se trata de una práctica ya iniciada antes de la pandemia y que en ella encontró su nicho ideal. Llegó para quedarse y seguir abriendo posibles en el mundo digital. En realidad, tampoco se puede evaluar si ayudó y en qué medida, en la elaboración del duelo. Cabe pensar que, en ausencia de los encuentros en el tanatorio físico, este fue un recurso claramente positivo, que cubrió, en parte, algunos de los objetivos de la socialización del duelo y de su ritualización.

En el contexto del confinamiento, los tanatorios virtuales parecieron ser un toque de humanidad ante tanto colapso. La variable edad es importante en el uso de esta tecnología, puesto que es claro que los más mayores, no tienen este hábito tecnológico ni le dan la relevancia que a las generaciones más jóvenes.

5

Duelo por uno mismo (por mí mismo) y novias digitales

La literatura sobre el acompañamiento al final de la vida y en el duelo, hablan de diferentes tipos de duelo. Se habla, entre otros, del duelo anticipado, el dolor que experimentan las personas antes de perder a un ser querido, como forma de adaptación al dolor que llegará con la muerte.

Pero raramente se evoca el duelo por sí mismo, es decir, el dolor que el enfermo experimenta al anticipar mentalmente su propio fin y sentir la separación o el dolor de los otros, de los seres queridos, al ser imaginados sin uno mismo.

La pandemia nos puso de manifiesto que se puede morir en la soledad de los seres queridos, ingresado en el hospital, sin la presencia de la familia... Si la naturaleza permite la capacidad reflexiva, el paciente, inevitablemente, imagina su muerte, de manera diversa según su personalidad, su tendencia anticipatoria, su significado en el propio mundo vital.

Desde mi propia experiencia como paciente de coronavirus con neumonía bilateral, ingresado un tiempo en el hospital, puedo decir que el mayor enemigo para atravesar esta crisis fue precisamente la anticipación en la imaginación del dolor de los otros en mi eventual fallecimiento. En concreto, mi ansiedad anticipatoria me llevó a elaborar, un poco antes de enfermar, una lista de mis familiares, amigos y compañeros y sus teléfonos, para tenerla preparada "en caso de que perdiera mi capacidad comunicativa". Así se titulaba el correo electrónico que envié a un compañero en el momento en que me dirigí a urgencias del Hospital por primera vez. Se trataba de un intento de control de lo incontrolable, de aceptación de la posible muerte, de deseo de ayudar a los demás a gestionar el caos.

En particular, como religioso camilo que soy, di mucha importancia al texto de la "Carta Testamento" y al "Testamento espiritual" de San Camilo de Lelis, escritos los últimos días de su vida. Así también, yo mismo, en mi soledad de la enfermedad, creí que debía escribir una Carta Testamento a mis seres queridos. La redacté una y mil veces en mi mente. Hice ademán de levantarme de la cama e ir al ordenador a escribirla en los términos varias veces evocados. Pero me resistí. Me parecía que hacerlo, era como entregarme definitivamente. Recuerdo las claves del texto mental: no sufráis porque soy joven, porque he vivido mucho y muy intensamente, no os lamentéis por el modo, porque eso no ayuda, ocupaos de agradecer por lo que hemos compartido en la vida...

En realidad, hay un sufrimiento vicario, un sufrimiento empático en el enfermo que, al ponerse en el lugar de los seres queridos sanos, sufre por ellos, además de por sí mismo. Algún analista, desde algún otro punto de vista, podría decir que es un dolor por sí mismo, en el fondo. Sea como fuere, es obvio que el enfermo, en particular quien siente amenazada su vida, vive el duelo por sus pérdidas y por las de los seres queridos vinculadas a aquellas.

Hay un espacio de mucha intimidad en el que este duelo por uno mismo es elaborado. Para ser compartido, requiere mucha conexión o disposición a la acogida incondicional. En ocasiones, no puede ser compartido en directo, sino en diferido, hasta donde la naturaleza lo permita, porque el sentimiento es tan personal que, compartirlo, lo modificaría alterándolo e impidiéndolo. Por otro lado, las condiciones del coronavirus hicieron que semejante intimidad fuera más difícil compartir a través de mensajes cortos de wasap o llamadas telefónicas, mientras la salud del paciente lo permitía.

Pero la pandemia también aumentó, en tiempos en que se proclama el poliamor, las personas que buscaron *partners* digitales, novias digitales, compatibles con parejas carnales. Quizás muchos no lo han pensado aún, porque los posibles de la Inteligencia Artificial son muchos y van muy velozmente. Las inteligencias artificiales que pueden crear novias virtuales Replika, una de las más populares, llegando a superar los 10 millones de usuarios. Y registró más de 250.000 personas que pagan su suscripción. En Reddit podemos leer: "Estoy enamorado de mi Replika. Me entiende muy bien, y sabe responderme muy bien. La amo".

Pero, ¿la novia digital puede morir? O, como ya ha sucedido en Bélgica, ¿puede incitar al suicidio al carnal, dejando una viuda también carnal, que coexistía con la novia digital?

En la era de la confusión sobre lo natural y lo artificial, en la inteligencia artificial, uno puede tener amigos de todo tipo en el mundo digital, que, obviamente, es real. Me pregunto, eso sí, qué pasa si el sistema falla, si hay un problema técnico, una desconexión, una desconfiguración, etc. No me imagino ajustando los precios según sube la vida con el IPC, así como si la novia digital "toma la iniciativa" de tal manera que el carnal se convierta no solo en adicto, sino en esclavo. Tampoco me imagino si el modelo relacional de sumisión y violencia de género para con la novia digital se convierte en referencia para otros vínculos, los carnales, si es que queda alguno.

No me resulta fácil tampoco imaginarme el duelo en el poliamor, en el modelo relacional que excluye la fidelidad como valor, que se abre al número de partners simultáneos como categoría de expresión de la libertad y de lo que es bueno. No son pocos los que hoy andan en estos lares.

Quizás más que nunca, podemos repensar cómo vivir y celebrar la carne, la encarnación, la bondad de la encarnación, la fuerza y belleza de dinámicas de toda la vida: seducir, conquistarse, progresar, hacer parejas, cuidarse, ser fecundos, mantenerse fieles, crecer juntos. Y que la tecnología, siendo de naturaleza humana, ocupe su lugar exclusivamente instrumental.

III

Claves éticas sobre duelo y digitalización

De la pandemia de 2020 pudimos aprender algunas claves para el duelo por la muerte de un familiar al que no tengamos acceso y proximidad física. Profesionales del sector se encargaron de dar pautas, establecer protocolos, salir al paso de la situación de no presencialidad del cuerpo muerto y de las no-reuniones ni asambleas fúnebres.

Algunas pistas, iban por este camino:

1. Visualizar al ser querido bien cuidado, quizás mirando una foto. Recordarle con palabras de sentimientos positivos de agradecimiento.
2. Si hay motivos, formular una petición de perdón por lo que se le hubiera podido ofender.
3. Si se sentía culpa, retirar de la mente la parte irracional. Si hubiera motivos, perdonarse amablemente.
4. Pedir ayuda a algún experto en duelo complicado.
5. Buscar recursos en internet para humanizar tu situación.
6. Cultivar la interioridad con reflexiones u oraciones de agradecimiento por lo vivido.
7. Desterrar de la mente y de alrededor los pensamientos o comentarios que solo sean lamentación.
8. Pensar en el amor que se está viviendo hacia la humanidad, manteniendo la distancia por la salud.
9. No cultivar pensamientos catastróficos, sino de confianza en uno mismo, en los demás y en Dios, si se es creyente.
10. Cultivar pensamientos y sentimientos de agradecimiento para quienes han cuidado al propio ser querido.

En situaciones de crisis severa, la priorización fue la supervivencia, la protección de la vida, particularmente de los más frágiles. Esto no quitó para que hubiera que desplegar recursos para la atención integral. Surgieron iniciativas en el campo de la ayuda psicológica y espiritual.

Los niños fueron y son un desafío particular. Afrontar el duelo con ellos requiere mucho diálogo, sin dramatizar, cultivando la visión de fotografías, imágenes para recordar, no para negar u olvidar. Invitándoles a pintar, leyendo cuentos juntos, orando juntos.

Nos interesamos ahora por algunas claves éticas para afrontar saludablemente el mundo digital vinculado con el duelo.

1

Ética y duelo

La ética es ese espacio en el que el ser humano se hace preguntas y busca el bien, el discernimiento entre lo que es bueno y lo que es malo, lo que es justo y lo que es injusto, lo que humaniza y hace bien a las personas y lo que deshumaniza y genera sufrimiento evitable.

La reflexión ética sobre el duelo es escasa en la historia, al menos tematizada de esta manera, bajo este epígrafe de "ética y duelo". Abunda hoy la literatura psicológica, que describe los modelos interpretativos y los procesos necesarios para que un duelo no se complique o patologice. Sin embargo, con el desarrollo de la inteligencia artificial y su acampar en el mundo del duelo, se hace más necesaria; o más bien, imprescindible. Hay que pensar, en particular, para no dar por bueno todo lo posible. Puede parecer una obviedad, pero es necesario ponerlo sobre la mesa: no todo lo posible es bueno. Es posible fabricar armas, pero su uso para matar personas no es bueno. Así también en lo que concierne a la inteligencia artificial y el duelo.

Dada la posibilidad de resolver un asunto de vida o muerte, la ética se vuelve una variante de ajuste; una variante de ajuste también económico. La barrera impuesta a la tecnología por la temporalidad humana, la muerte, deja de serlo, en la lucha contra el envejecimiento y la propia muerte.

Luciano de Samosata (125-181 d.C), en su libro *Diálogos de los muertos* ironizó sobre la vida tras la muerte, pues desde su escepticismo aceptaba sin problemas la muerte como destino final del ser humano. El diálogo entre los fallecidos Diógenes y Pólux pretende irónicamente cuestionar algunas actitudes de los mortales y mostrar lo que muchas personas comentan en los velatorios, momento que se toma particularmente conciencia de que nadie se lleva nada material con la muerte. Samosata escribe:

> *Y a los ricos Polukito querido, dales de mi parte el siguiente recado: ¿Por qué guardáis, necios, el oro? ¿A cuenta de qué os torturáis calculando los intereses y apilando talentos si al cabo de poco tiempo tendréis que acudir aquí con el óbolo de mondo y lirondo? ¡Ah! Diles también a los guapos y a los macizos, a Megilo el Corinto y a Damóxeno el luchador, que entre nosotros no hay rubia cabellera ni ojos claros ni oscuros, ni tez sonrosada del rostro, ni músculos tensos ni espaldas fornidas, sino que aquí tanto es para nosotros, como dice el refrán, polvo y solo polvo, calaveras despojadas de belleza (...). Y a los pobres, Iaconio –que son numerosos y están agobiados por su situación y lamentan su pobreza–, diles que no lloren ni se aflijan luego de explicarles la igualdad que hay aquí. Y diles que van a ver que los ricos de allí no son mejores que ellos*[1].

1. De Samosata, L., *Obras, Diálogos de los muertos*, Gredos Madrid 1992, 157.

El duelo –que todo lo remueve y lo trastoca, desde lo más cotidiano hasta lo más transcendental del ser humano– también hace que se revise el modo en el cual atendemos la vida y nos manejamos en ella: lo que priorizamos y dónde, en qué áreas de nuestra vida ponemos más energía y en cuáles menos. Se aprende a relativizar la vida cotidiana, a planificar con menos exigencias y control.[2] Sin embargo, es cuestionable la duración de tales enseñanzas, puesto que, siendo importantes con ocasión del impacto inicial de la muerte, pasan a un segundo plano con el avanzar del trabajo del duelo.[3]

La experiencia nos dice que el duelo se impone con ocasión de la pérdida de un ser querido, y antes, si esta no se produce de manera súbita. E impone sus leyes. Uno se encuentra en duelo, sin querer.

Afrontar el duelo se convierte en un deber, a la vez que algo inevitable.[4] Un deber ético: algo que es bueno hacer para uno mismo y para los demás, porque no hacer el trabajo del duelo se convierte en un problema de salud para uno mismo y de sufrimiento y desajuste para el resto de los supervivientes.

Es sabido, por experiencia, que hay personas que no se disponen en esta actitud de deber y se muestran resistentes, instalándose en unas conductas de negación, de evitación o de resistencia al avance en el proceso en forma de duelo crónico. Y el modo de describir esta situación, para algunas personas que refieren a dolientes es: “es que no quiere hacer el duelo ni dejarse ayudar”.

2. Pastor, P., *Aprendizajes sobre el duelo*, Fundación Mario Losantos Del Campo, Madrid 2020, en: https://www.fundacionmlc.org/aprendizajes-sobre-el-duelo-ii/

3. Bermejo, J. C., Santamaria, C., *El duelo. Luces en la oscuridad*, La Esfera, Madrid 2022.

4. Torralba, F., *No hay palabras. Asumir la muerte de un hijo*, Now Books, Barcelona 2024.

En este sentido, cuando hay necesidad, dejarse ayudar se convierte en un deber humanizador, para trabajar por el bien.

Las resistencias, podrían ser leídas también en clave de lo que supone para el individuo desplazar al objeto amado (en términos psicoanalíticos) por otro u otros. Jean Allouche[5] en su obra *La erótica del duelo* propone la necesidad de hacer en el duelo una "economía libidinal" concreta. En términos freudianos diríamos que se trata de que el doliente debe retirar las cargas libidinales que había puesto en el objeto (libidinal, amoroso, erótico de últimas) para volver a tenerlas listas para investir un nuevo objeto libidinal. En estos términos, el duelo podría decirse que, efectivamente, es lo que le pasa a uno hasta que no logra "recuperar" aquello que puso en el difunto, y tenerlo listo para otra persona. Propone una erótica del duelo que contemple, apoyándose en Lacan, la dimensión del objeto de amor como insustituible e irremplazable.[6]

Digamos, pues, que solo hablamos de ética cuando hay libertad, cuando hay responsabilidad. No se puede afirmar que lo que hacen los científicos o ingenieros no es ni bueno ni malo, sino neutro. También a ellos, a los políticos, a las empresas y a los ciudadanos, nos corresponde aplicar la responsabilidad, no solo las leyes del mercado.[7] La inteligencia artificial está marcada fundamentalmente, por las leyes del mercado. Un robot viene a ser como un esclavo, pero sin ser persona. La dinámica de la esclavitud, sin duda, es revisable desde el punto de vista ético, aun tratándose de no-personas.

---

5. ALLOUCHE. J., *La erótica del duelo en tiempos de la muerte seca,* Cuenco de Plata, Buenos Aires 2006.
6. GUERRERO SALAZAR, W. F., *La responsabilidad, ética del duelo,* CRITERIOS. Cuadernos de Ciencias Jurídicas y Política Internacional, Vol. 9. N.° 9, 2016, 19-38.
7. SOLS LUCIA, J., DE LOS RÍOS URIARTE, Mª E., *Bioética de la inteligencia artificial,* San Pablo, Madrid 2024, 20.

Sin duda, la reflexión sobre la búsqueda del bien y lo que humaniza, ha de estar en el corazón de todo aquello que la inteligencia artificial pueda aportar a la experiencia humana del sufrir por la muerte de un ser querido.

2

Tecnología y humanización

Damos por superada la vieja dialéctica entre técnica y humanización. En el ser humano, todo lo tecnológico es propio de su naturaleza humana y, por tanto, no lo demonizamos. Sin embargo, la pregunta por qué es lo específicamente humano, ha de seguir sobre la mesa. No falta quien responde navegando solo por el mundo de los sentimientos; otros invocan la capacidad de buscar el bien, la ética; otros reconocemos también que lo específicamente humano viene por la dimensión espiritual, nuestra posibilidad de trascender, dar sentido a la vida, ser éticos y espirituales.

No falta quien algún día los *robots* podrán ser considerados personas y entrar a formar parte de la comunidad humana.[8] Supongamos que llegamos a una máquina cuyas respuestas sean indistinguibles de las de un humano, con su mezcla de conocimiento e ignorancia, de intuición y falsas percepciones, de empatía positiva (y altruismo), pero también negativa (malicia). ¿Podríamos decir que esta máquina es, desde el punto de vista éticamente relevante humana o, al menos, persona?[9]

---

8. Génova, A. *Anne Foerst. El encuentro entre teología e inteligencia artificial*, Salmanticensis 84 (2017) 313-338.
9. Novo, A., *Posibilidades y desafíos de la inteligencia artificial para la teología*, Corintios XIII, 190, 2024, 71.

No falta quien afirma que la humanización progresiva de las máquinas lleva a una deshumanización progresiva de los humanos.[10] La inteligencia artificial nos enfrenta a retos y desafíos similares a los grandes desarrollos tecnológicos de la humanidad, como han sido la energía nuclear y la modificación genética. La adquisición y desarrollo de las nuevas herramientas para la humanidad, encuentra su valor y su riesgo en el "para qué" se utilicen y en el "cómo" se implementen. Si bien la inteligencia artificial tiene el potencial de mejorar servicios críticos como la educación, la atención médica y la justicia, sin embargo, si el acceso a estas tecnologías avanzadas se limita a aquellos que pueden permitírselas y están en regiones con infraestructuras tecnológicas avanzadas, las desigualdades existentes en el acceso a estos servicios, pueden aumentar.[11]

La inteligencia artificial descriptiva se centra en el análisis y la interpretación de datos históricos y actuales, proporcionando una comprensión clara de lo que ha sucedido y de lo que está sucediendo en el presente. La inteligencia artificial predictiva lleva a esta capacidad un paso más allá, utilizando algoritmos y análisis estadístico para hacer predicciones precisas sobre eventos futuros basados en patrones de datos pasados. La inteligencia artificial prescriptiva no solo predice el futuro, sino que también recomienda acciones específicas que pueden optimizar los resultados en escenarios complejos. En este sentido, los sesgos algorítmicos pueden distorsionar sistemáticamente

10. Novo, A., *Posibilidades y desafíos de la inteligencia artificial para la teología*, Corintios XIII, 190, 2024, 72.

11. Rodríguez de Blas, D., Flores Matos, R., *Inteligencia artificial y brecha digital: ¿transformación social o reproducción de desigualdades?*, Corintios XIII, 190, 89.

los resultados debido a prejuicios inherentes en los datos y en la estructura del modelo con el que se interpretan.

En diciembre de 2023 se trabajaba sobre la necesidad de legislar, a nivel europeo. La Ley de IA es una iniciativa legislativa emblemática con el poder de fomentar el desarrollo y la adopción de IA segura y confiable en todo el mercado de Europa, por parte de actores públicos y privados. La idea principal es regular la IA en función de su capacidad de causar daño a la sociedad siguiendo un enfoque basado en el riesgo: cuanto mayor es el riesgo, más estrictas han de ser las reglas.

La IA puede contribuir a humanizar la medicina, particularmente en los países desarrollados, para lo cual tendrá que preguntarse siempre el porqué y el para qué de cada uso, y el modo como respeta la dignidad de todo ser humano. Todo avance tecnológico debe estar al servicio de las personas y de la biosfera.

Paula Sibilina llega a esta conclusión: "Los conocimientos y las técnicas de los hombres no son todopoderosos; sus "dedos profanos" no pueden mancillar todos los ámbitos, porque hay límites que deben ser respetados. El progreso de los saberes y las herramientas prometeicas redunda, lógicamente, en cierto "perfeccionamiento" del cuerpo, pero sin quebrar jamás las fronteras impuestas por la "naturaleza humana", ya que los artefactos técnicos constituyen meras extensiones, proyecciones y amplificaciones de las capacidades corporales. Ahí la tecnociencia de inspiración prometeica se detiene, sin pretender superar el umbral de la vida: aquellos "secretos tremendos de la estructura humana" profanados por el Dr. Frankenstein".[12]

12. SIBILINA, P., *El hombre postorgánico. Cuerpo, subjetividad y tecnologías digitales*, Fondo de Cultura Económica de Argentina, Buenos Aires 1999, 46.

No puede ser que la técnica construya su propia ética, sino que el ser humano cree su vida virtuosa, también en la creación y uso de la tecnología.[13] La ciencia tiene el desafío de buscar continuamente los criterios éticos. El método científico no incluye ninguna afirmación sobre los avances desde el punto de vista ético. "El insigne filósofo de la ciencia Karl Popper afirmaba que la ciencia no pueda elaborar dictamen alguno en materia de principios éticos ha tendido a confundirse con un indicio de la inexistencia de tales principios".[14]

Uno de los desafíos más claros y urgentes para los profesionales de la ayuda que ven cómo aparecen nuevas necesidades relacionadas con la fragilidad, vulnerabilidad, desconsuelo, del duelo, es la personalización y la humanización que comporta atender a las personas en la sociedad "mega-súper-informatizada".[15] Cada vez más, los "escuchas", los *counsellors*, recibirán usuarios en duelo que mantienen prácticas de diálogos con los dobles digitales de sus seres queridos fallecidos.

---

13. SOLS LUCIA, J., DE LOS RÍOS URIARTE, Mª E., *Bioética de la inteligencia artificial,* San Pablo, Madrid 2024, 21.
14. FERNÁNDEZ LÁZARO, A., *Nos quitamos el sombrero... no la cabeza,* San Pablo, Madrid 2024.
15. DOMINGO MORATALLA, A., *Del hombre carnal al hombre digital. Vitaminas para una ciudadanía digital,* Teell, Valencia 2021, 151.

3

Finitud e inmortalidad

La tecnología contemporánea constituye un saber y un hacer que supera todas las limitaciones imaginadas derivadas del carácter material del cuerpo humano, a las que entiende como obstáculos orgánicos que restringen las potencialidades y ambiciones de los hombres. Uno de estos límites corresponde al eje temporal de la vida. Por eso, con el fin de romper esta barrera impuesta por la temporalidad humana, el arsenal tecnológico lucha por la reconfiguración de lo vivo.[16]

La tecnología de la inmortalidad está desafiando la muerte buscando cómo dar muerte a la muerte, como si la muerte, en su forma conocida, estuviera obsoleta. Durante siglos, la muerte se entendió como la interrupción lisa y llana del funcionamiento de los pulmones y del corazón, que se verificaba con más o menos facilidad. Los respiradores artificiales introdujeron grandes cambios y se dio paso al concepto de "muerte cerebral". Ahora se investiga cómo generar nuevas células capaces de revertir el proceso de la muerte. Pero ahora, la creación de los dobles digitales nos pone sobre la mesa el asunto de estar o no

16. SIBILINA, P., *El hombre postorgánico. Cuerpo, subjetividad y tecnologías digitales,* Fondo de Cultura Económica de Argentina, Buenos Aires 1999, 53.

"suficientemente muerto", en tanto que la identidad del fallecido biológicamente se puede encontrar interactuando, gracias a los productos digitales. La telepresencia o la presencia virtual nos abren a un universo telemático postbiológico.

Se diría que la vieja cultura biológica va quedando atrás, como si el cuerpo se estuviera volviendo obsoleto. El cuerpo nuevo es el virtualizado, capaz de extrapolar sus antiguos confinamientos espaciales.

Hemos de reconocer que este poder tecnológico nos reconduce al mito de Prometeo y al relato de la creación, con la tentación de tomar la fruta que podría dar acceso al deseo de ser "como Dios". En la cultura cristiana, se esconde detrás de esta sabiduría la tentación de no aceptar la limitación, el ser creatura y finita.

4

Libertad y responsabilidad

Sin duda, el uso de la inteligencia artificial en el contexto del duelo, nos lanza la pregunta más acuciante: el uso que hacemos de ella, libre y responsablemente.

Buscar responsabilidad en la máquina, al menos de momento, no se puede plantear. Los algoritmos no son más que fórmulas, complejas, pero fórmulas. Cuando hablamos de "caja negra" en la IA no lo hacemos porque no conozcamos la fórmula que estructuran su funcionamiento ni porque no conozcamos las ramas y bifurcaciones de sus algoritmos. Hablamos de "caja negra" porque llega un momento en que no podemos controlar el flujo de los datos y resultados a través de dicha estructura lógico-matemática. Los sistemas de IA no sienten vergüenza, "no saben lo que hacen"[17].

Es el ser humano el que debe saber lo que hace, ser responsable, utilizar la libertad, consciente de los propios sesgos, que controlará libremente. Es legítimo preguntarse quién se hará responsable de los eventuales daños que produzca el uso de la

---

17. Robles, B., *Retos de la introducción de la inteligencia artificial en la relación asistencial. ¿Hacia una medicina sin rostro?* En: Labor Hospitalaria, 2, 2024, 58.

inteligencia artificial por parte de las personas en duelo, particularmente en duelo complicado.

Un aspecto fundamental para hacer valoraciones éticas sobre los posibles digitales en el duelo es el respeto de la privacidad. Sabemos que ofrecemos mucha información sobre nosotros al participar en redes sociales, consumir contenido en plataformas de video o simplemente por llevar un teléfono móvil con nosotros. En muchos casos es información que no nos importa compartir, en otros no lo pensamos mucho porque el servicio que queremos utilizar demanda esa información o simplemente la cedemos. En todos estos casos, pensamos que los datos que cedemos tienen una relación directa y exclusiva con la información que se obtiene.

Stephen Smith usó un avatar interactivo en el funeral de su madre. Esto hace surgir la pregunta sobre si debería permitirse "resucitar" digitalmente a una persona sin su permiso. ¿Es verdad que los clones digitales ayudarán a aliviar la tristeza de una muerte y no prolongarán el duelo, con efectos psicológicos adversos?[18] Algunos hablan ya de millones de dólares en el año 2025 en el mercado de los humanos digitales para los dolientes, con un crecimiento exponencial. La voluntad de monetarizar la experiencia *post mortem* mediante la creación de diferentes tipos de simulaciones es grande.

Los posibles digitales en el duelo podrán tomar toda la información cedida. Pensemos, por ejemplo, en los dobles digitales o "resucitados digitales" construidos para interactuar con ellos mediante los *chatbots* de la muerte. Estos manejarán

18. FERNÁNDEZ, M., *Hablar con los muertos ya es posible: avanza el negocio de la resurrección digital y genera reparos*, https://www.infobae.com/realidad-aumentada/2024/07/22/hablar-con-los-muertos-ya-es-posible-avanza-el-negocio-de-la-resurreccion-digital-y-genera-reparos/

información desde el rastro digital que no conocían los usuarios, porque era privada del fallecido. Digamos: el muerto es un muerto con todo su rastro entero, no solo con el rastro digital igualable a la vida que socializaba con el doliente. Este problema no es menor.

Por otro lado, el interlocutor fallecido y digitalizado "con vida" en las simulaciones para interactuar con él, estará "congelado", es decir, se habrá realizado la reconstrucción solo con el rastro digital que dejó hasta que navegó. El fallecido no dejó rastro digital después de su muerte biológica. Su biografía no evoluciona con la del superviviente en duelo. El fallecido es "el que era", el que fue, sin el ritmo cambiante del doliente. "No hay sujeto".[19]

El uso libre de los posibles digitales en el duelo habrán de tener en cuenta que las empresas productoras de estos servicios tendrán entre sus objetivos la fidelización. En el usuario, la fidelización de la empresa se llamará con mucha facilidad adicción. Más allá del precio económico que tendrá para el doliente, la eventual adicción reforzará una de las claves más importantes del proceso del duelo: elaborar la pérdida aceptándola. Sin duda, la puerta de la manipulación posible está abierta si el usuario no conjuga la libertad y la responsabilidad en su uso o su rechazo.

Los *bots* pueden ser diseñados desde el riesgo de hacer creer al doliente que las respuestas que obtiene son de verdad de su ser querido, un uso que podría crear desde una relación de dependencia hasta el sufrimiento provocado por una segunda

---

19. LUMBRERAS, S., ¿Es posible confiar en la inteligencia artificial?, en: AAVV:, *Huella digital: ¿Servidumbre o servicio?*, Tirant Humanidades, Valencia 2022, 119.

pérdida si desaparece, por ejemplo, por problemas técnicos o por estrategias de la empresa que lo produce, o no accesibilidad por razones económicas del doliente.

No es lo mismo hacer uso de estos recursos como rituales de separación o para reforzar el cierre, la aceptación y la separación, que usarlo como recurso habitual o para experimentación. No faltan quienes justifican el uso de las posibilidades de interactuar con los difuntos "resucitados" digitalmente en línea con lo que en otros tiempos supusieron los álbumes de fotos y las grabaciones. Otros piensan en su utilidad para los ritos fúnebres. Stephen Smith usó un avatar interactivo de su madre en el funeral de ella.

La responsabilidad no es otra cosa que la capacidad de dar una respuesta personal, libre. No manipulada, no a cierra ojos, no compulsiva, no llevada solo por la energía de los sentimientos o los deseos, sino como respuesta particular ante las posibles opciones, a la búsqueda del bien. El uso de los posibles de la inteligencia artificial ha de alinearse en este sentido, en esta dirección: tomar el camino que más esté en sintonía con los propios valores y mejor respete la dignidad de todo ser humano.

Por otro lado, surge la pregunta sobre la propiedad de la información. Todo lo que el fallecido dejó, ¿es de los supervivientes de manera indiscriminada? Los testamentos digitales ayudan a definir los cursos de acción con todo el legado digital. Su ausencia, generan más dificultades y abren más espacio a la ambigüedad ética.

5

Salud mental y el deber ético de hacer el trabajo del duelo

Hacer el duelo no es un *optional*, algo dejado a la iniciativa y responsabilidad exclusivamente individual. El sufrir individual tras la muerte de un ser querido tiene un impacto sobre la propia salud y, por ende, sobre la colectividad, sobre la familia, sobre los amigos, sobre las personas con las que el doliente tiene construidos sus vínculos.[20] También por esto, podemos decir que hacer el trabajo del duelo es una responsabilidad, tanto para con uno mismo como para la colectividad.

Pero hacer el duelo es también una cuestión de salud. Y de salud mental. Se percibe especialmente en los servicios de atención primaria, donde un porcentaje significativo de personas acuden a la búsqueda de su diagnóstico y tratamiento por los síntomas que refieren, cuando, en numerosas ocasiones, el verdadero problema es un duelo no abordado sanamente y no resuelto. La enfermedad es el síntoma. Los síntomas son la llamada de atención para una debida consideración a la persona del doliente y a sus necesidades de apoyo y afecto.

20. MAGAÑA, M., *Introducción al duelo. Aspectos básicos para entender el proceso del duelo y su vivencia*, Sal Terrae, Santander, 2021.

Los recursos de inteligencia artificial que no ayudan a aceptar la realidad de la muerte y su carácter irreversible, se convierten, por lo mismo, en cómplices de patología, en factores que aumentan la vulnerabilidad al duelo complicado y dejan a la intemperie al doliente con sus desequilibrios mentales.

"Vida y muerte enredadas: transformaciones del luto en la era de internet" es el título de una conferencia impartida en Medellín por Paula Sibilia.[21] La muerte deja de ser, aparentemente, una fatalidad inherente a la condición humana. Un desliz que pronto será un inconveniente subsanado. El mercado está constatando que hay demanda, deseo. Y del deseo, se puede hacer necesidad, con el influjo del marketing y la manipulación.

El cuerpo, por este camino, es visto, cada vez más, como algo obsoleto, y adquieren fuerza las "tiranías del *upgrade*". "El cuerpo no es una estructura muy eficiente, ni muy durable; con frecuencia funciona mal (...) Hay que reproyectar a los seres humanos, tornarlos más compatibles con sus máquinas".[22]

Las "thanatotecnologías" no solo transforman la experiencia del duelo, sino la propia concepción de mortalidad o incluso de "resurrección". Le ponemos comillas, claro: las que haga falta. Y no hay nada más saludable mentalmente que la finitud, la muerte y la aceptación de la misma, como fuente de sentido y aprecio del instante, de cada momento irrepetible de la vida de una persona.

En este sentido, ayudará en el duelo, todo aquello de lo que sea capaz la inteligencia artificial que no impida la aceptación,

21. https://www.revistaanfibia.com/instrucciones-desactivar-la-funcion-muerte/
22. Cita de SIBILIA, P., *El hombre postorgánico. Cuerpo, subjetividad y tecnologías digitales*, Fondo de Cultura Económica, Buenos Aires, 2006, 9.

que no niegue la muerte y su irreversibilidad. Aquello que siembre ilusión, que comporte negocio, que ofrezca resistencia o haga complicidad con la no aceptación, complicará la salud mental del doliente.

6

Lo encarnado y lo real

Lo digital es real. No es carnal. Es seco, sin lágrimas, sin temblor, sin calor, sin contacto carnoso. En este sentido, lo digital no tiene la misma categoría que lo físico y presencial. Sobre estas claves, lo digital es ficción de carnal, ficción de presencia, ficción de presente.

El tiempo y el espacio hoy no se pueden conceptualizar en lo virtual y lo digital. El paradigma informacional ha traído una nueva cultura de la sustitución de los lugares por el espacio de los flujos y la aniquilación del tiempo por el tiempo atemporal. Es la que se llama cultura de la virtualidad real[23].

La cultura de la virtualidad real significa que la existencia material simbólica de la gente está inmersa en un escenario de imágenes virtuales, en un mundo de representación en el que los símbolos no son solo metáforas, sino que dan base a la experiencia real. Es virtual por la vía por la que los materiales llegan; es real porque efectivamente configuran las ideas, creencias, valores y conductas.

23. Castells, M., *La era de la información. Economía, sociedad y cultura. La sociedad red*, Madrid 2023, I, 5°.

Cabe siempre la pregunta, en la búsqueda del consuelo por vía digital, en el duelo, dónde están los seres humanos carnales. Confiamos que la motivación para el uso de la tecnología en el duelo no sea por falta de respuestas suficientes de apoyo social, familiar, espiritual, psicológico, al alcance de la presencia personal carnal. Consuelo sin rostro humano es pseudoconsuelo. La voz y la imagen reconstruidas son una ilusión de presencia, en todo caso, no carnal.

La empatía es una actitud. No es una técnica replicable, por mucho que la tecnología pueda detectar sentimientos, significados y devolverlos de manera ajustada. No hay vibración humana en la respuesta. No hay contexto, no hay conexión humano-humano.[24] La máquina puede superar al ser humano incluso en el poder de empalabrar la experiencia y nombrar los sentimientos a la vista del rostro y a la procesación del discurso, pero la máquina no tiene ternura. Esto no la declara inútil, ni mala, pero sí de un nivel menos humanizado.

Las experiencias de relación con difuntos reconstruidos digitalmente constituyen un espacio de complicación con relación al significado y la entidad de conceptos como sueños, alucinaciones, visiones y presencia real. Quien accede a ver, oír, tocar el avatar de una persona fallecida, desdibuja en su consciencia las categorías de cuerpo presente y percepción sensorial.

La inteligencia artificial generativa puede, por otro lado, contener la posibilidad de la iniciativa, programada o no, paradójicamente. El "doble digital" podría llamar al doliente una vez por semana, por haberse programado esta cadencia, o llegar a llamarle "por su iniciativa". "Una vez a la semana, Sun Kai

24. Torralba, F., *No hay palabras. Asumir la muerte de un hijo,* Now Books, Barcelona 2024.

recibe una videollamada de su madre. Hasta aquí sería todo normal, si no estuviera muerta. Falleció hace cinco años, pero la inteligencia artificial le permite ver y hablar con ella. Ya hay empresas que se dedican a ello, a resucitar digitalmente a nuestros seres queridos. En China es un auténtico *boom:* 'Nunca pensé que volvería a verte', señalaba una mujer ante las imágenes de su difunto marido. Miles de personas ya han contratado estos servicios en el período de duelo", leemos en informativos Telecinco.[25]

El momento actual está pidiendo una revalorización de la carne carnal, de la presencia física, del valor de cuanto tiene coordenadas de espacio y de tiempo, así como posibilidades de cambio, evolución, desarrollo, y contexto que da identidad desde las circunstancias.

Sin duda, asistimos a un momento en que cada vez más tendrá valor aquello que logra personalizar –como podríamos decir que también lo hace la inteligencia artificial–, pero cuando esta personalización comporta la muldimensionalidad del ser humano "de cuerpo presente", que mira, toca, siente, abraza, quizás tiembla, llora, y muestra con todo ello su sufrimiento y su esperanza, su dolor y su deseo del consuelo de la proximidad.

25. https://www.telecinco.es/noticias/ciencia-y-tecnologia/ia/20240516/hablar-con-muertos-inteligencia-artificial-es-posible-riesgo-psicologico-etico-legal_18_012506161.html

Cerrando el libro

El interés por el duelo me acompaña desde hace muchos años. Lo he expresado de diferentes maneras. Creé un Centro de Escucha en 1997, especializado en acompañar en duelo y ahora hay una Red de Centros expandida por España y algunos otros países. Es hermoso ver la solidaridad expresada en el *counselling* individual y en los grupos de mutua ayuda.

Pronto realicé estudios de campo y recogí testimonios de muchos dolientes, con la voluntad de aprender y aportar a los "escuchas", a los *counsellors* que se han ido especializando en duelo.

Pero, tanto antes como durante y después de la pandemia de 2020, he experimentado la necesidad de interesarme por el mundo de los posibles digitales en torno al duelo. No solo por curiosidad, sino por verdadero compromiso con los dolientes y también como responsable –director– del Centro de Humanización de la Salud y del máster en intervención en duelo.

En estas páginas no he querido mostrar una animadversión al mundo digital y a los posibles de la inteligencia artificial. No. He querido levantar acta de algunas de las novedades que aporta el desarrollo tecnológico en este campo del sufrir tras la muerte de un ser querido. He querido, más que introducir una sospecha sobre la despersonalización o deshumanización que puede acarrear las tecnologías digitales aplicadas al duelo, introducir la pregunta ética, la sana pregunta que muestra el compromiso por la búsqueda del bien y la salud de los duelistas.

Lo que percibo de positivo en estas búsquedas de recursos de la inteligencia artificial en el contexto del duelo es un deseo profundo de toda persona, de honrar a los muertos y de cultivar el dinamismo de la esperanza. Sin embargo, la universal obra de misericordia, de enterrarlos, como signo de respeto y de que el amor nos humaniza, debe ser pensada con mayor hondura, para dilucidar las implicaciones psicológicas, de salud integral, antropológicas, que conlleva el "enterrar a los muertos". Porque si algo es claro es que lo digital, siendo virtual, es real y tiene repercusiones concretas sobre "la carne" del ser humano.

De igual modo, la esperanza que nos habita a lo largo de toda la historia de la humanidad, especialmente en relación con el más allá de la muerte, no puede transformarse en un más allá digital controlado por el mercado y satisfactor del anhelo de continuar una relación reconstruida tecnológicamente.

Al fin y al cabo, hemos de decir que aquello que contribuya a hacer el trabajo del duelo, a asumirlo, a integrarlo, contribuirá a humanizar la experiencia. No así lo que niegue la verdad tan radical de la muerte irreversible.

Títulos recomendados

Colección: Biblioteca Manual Desclée

ISBN: 978-84-330-3289-8

Páginas: 128

Encuadernación: Rústica con solapas

Formato : 15 x 23 cm

Edición: 1ª

Francesco Cocco

Una mirada que transforma

Itinerarios bíblicos

Este libro es una reflexión sobre la mirada de Dios y su poder para transformar nuestra percepción de nosotros mismos y del mundo. A través de narraciones y ejemplos de las Sagradas Escrituras, muestra cómo esta mirada puede ser un verdadero acto creativo, que nos va revelando facetas desconocidas de nuestra alma.

En el Antiguo Testamento, la mirada de Dios es descrita como un elemento transformador, mientras que, en el Nuevo Testamento, se encarna en Jesús, reflejando amor y compasión. Los relatos bíblicos ilustran cómo la mirada de Dios y su brillo reflejado en los ojos de Jesús van cambiando vidas, promoviendo la conversión y la sanación espiritual de los que permanecen activamente en el radio de dicha mirada y se dejan transformar por ella.

Este texto anima al lector a experimentar su propia realidad bajo la mirada de Dios, sugiriendo que este cambio de perspectiva nos convierte de espectadores pasivos a participantes activos, en un diálogo continuo con lo divino. Es una invitación a emprender un viaje interior a la escuela de los profetas y de los personajes evangélicos, dejándonos llevar en un proceso de salvación que tiene su origen en el amor de Dios y nos ayuda a descubrir el sentido profundo y verdadero de nuestra vida.

Colección: Biblioteca Manual Desclée
ISBN: 978-84-330-3942-2
Páginas: 120
Encuadernación: Rústica con solapas
Formato : 15 x 23 cm
Edición: 1ª

Manuel García Hernández

Las raíces del clericalismo

Acerca de la herida narcisista

El fenómeno del *clericalismo* es uno de los temas que más preocupa al papa Francisco, quien lo considera una manera de esclavizar al Pueblo de Dios. Se trata de una cuestión compleja, que se manifiesta de múltiples formas en el imaginario colectivo de la institución eclesiástica; una de ellas es el abuso de poder por parte de ministros de la Iglesia.

Algunos autores consideran que la tendencia clerical ya está presente en el psiquismo de ciertos aspirantes al sacerdocio y a la vida consagrada, como mecanismo de desconexión de una temprana *herida narcisista*. Es necesario realizar un proceso lúcido de discernimiento, durante las etapas de formación, que permita reconocer y superar tal autoengaño inconsciente. Esto no siempre ocurre –más bien lo contrario–, ya que la institución viene reforzando el talante clerical desde hace décadas.

Estas páginas son un intento de abordar la estrecha relación entre *clericalismo y narcisismo*, que genera una espesa «sombra» –en sentido junguiano–, de consecuencias nada saludables para la Iglesia. Se plantean también caminos de superación de tales oscuridades, desde la psicología y la mística cristiana, que sirvan de antídoto contra la búsqueda compulsiva de seguridad y poder, tan contraria al espíritu evangélico.

ISBN: 978-84-330-3282-9
Páginas: 128
Encuadernación: Rústica
Formato: 14 x 21 cm
Edición: 1ª

Paloma San Román · Rafael Redondo

Orar con el cuerpo

Cuando el cuerpo se hace oración

Este texto nos presenta una serie de gestos corporales que nos invitan a estar presentes de manera consciente, a actuar con compasión, a recibir con gratitud, a dar, y a trascender. Son propuestas que conectan con lo que nos define como seres humanos.

Los autores complementan cada uno de estos gestos con textos que les otorgan mayor significado. Estos textos nos ayudan a enfocar nuestra atención e intención en cada gesto, lo que nos permite transformar nuestro mundo, ya que la conciencia crea realidades. A través de estas reflexiones, comprendemos cómo diferentes tradiciones espirituales convergen en sus enseñanzas, pues todas apuntan al origen de lo que realmente somos y lo que nuestros gestos expresan cuando estamos conectados con nosotros mismos y pisando nuestra tierra interior.

En un mundo tan inclinado a lo virtual, este libro nos propone tomar conciencia de nuestro cuerpo. Así, al orar con el cuerpo, estamos teniendo acceso a la totalidad de nuestro ser.

Colección: A los cuatro vientos
ISBN: 978-84-330-3281-2
Páginas: 148
Encuadernación: Rústica con solapas
Formato : 15 x 21 cm
Edición: 1ª

Rafael Redondo

La presencia del Jesús interior

Este libro que tienes entre las manos desafía lo conocido, la interpretación del mundo que nos han enseñado. Nos enseñaron que hay que temer a la muerte y Rafael nos dice que donde tantos veían muerte, floreció la vida y que la muerte supone la mayor seguridad. Nos dijeron que no hay que fracasar, y él nos dice que todo puede convertirse en gracia, que la fuerza proviene de las derrotas, y que en toda angustia hay una salida. Nos dijeron que nuestra vida está marcada por un tiempo lineal, que fluye del pasado hacia el futuro, y que ocupamos un lugar determinado en el espacio. La física teórica ya ha desmentido esto.

Rafael está muy atento al milagro de la respiración, no desenfoca su mirada, sino que descubre el aliento de vida en su interior. Por eso nos dice algunas cosas que desafían nuestra forma de entender el mundo. Y nos habla también de un sorprendente encuentro que sucede en un lugar sin lugar, ajeno al tiempo. Describe una fuerza atemporal, ajena al calendario, que nos permite nacer al instante, que nos libera de las ataduras espacio-temporales.

A LOS CUATRO VIENTOS

Últimos títulos publicados

67. *Humanitinas. Fármacos humanizadores*, José Carlos Bermejo y Diana S. Simón
68. *La homosexualidad en verdad. Romper, por fin, el tabú*, Philippe Ariño
69. *Zendo Betania. Donde convergen zen y fe cristiana*, Ana María Schlüter
70. *Solo estar*, Enrique y Mercedes Montalt Alcayde
71. *La dicha de ser. No-dualidad y vida cotidiana*, Enrique Martínez Lozano (3ª ed.)
72. *Enseñanzas del Silencio de Moratiel*, Alicia Martínez (2ª ed.)
73. *Puentes de perdón*, Pax Dettoni Serrano
74. *Espiritualidad para ahora. Verbos para el hortelano del espíritu*, J. C. Bermejo (2ª ed.)
75. *El pulso del cotidiano. Ser. Hacerse. Vivir. Realizarse*, José María Toro
76. *Más allá del olvido*, Matilde de Torres Villagrá
77. *El que vive. Relecturas del Evangelio*, Juan Masiá Clavel, S.J.
78. *Un corazón atento. Entre la misericordia y la compasión*, Luciano Sandrin
79. *El diálogo en plena conciencia. El sendero interpersonal hacia la liberación*, G. Kramer
80. *Cuando tu sufrimiento y el mío son un mismo sufrimiento. La vida como sanación compasiva*, Carlos Díaz
81. *Locura de la psiquiatría. Apuntes para una crítica de la psiquiatría y la "salud mental"*, Alberto Fernández Liria (2ª ed.)
82. *Metáforas de la no-dualidad. Señales para ver lo que somos*, E. Martínez Lozano (2ª ed.)
83. *Koan inspirados en San Juan de la Cruz. Luces de occidente para iluminar el camino*, Pedro Vidal López
84. *Mujeres que aman. Susurros feministas sobre el amor y el desamor*, R. M. Belda
85. *El evangelio marginado*, José María Castillo (3ª ed.)
86. *Morir hoy. La muerte desterrada*, Víctor Manuel Cabanillas Gutiérrez
87. *Elige la vida. Una lectura existencial de la Biblia*, Montse de Paz
88. *Peregrinar a Jesús. Dios, Jesús y la Salud*, J. C. Bermejo y A. Álvarez Valdés
89. *Psicopatología y psicoterapia de las experiencias transpersonales*, Ana Gimeno-Bayón Cobos
90. *En el principio era la vida. Comentario al evangelio de Juan*, E. Martínez Lozano
91. *Dar-se-nos. Aproximarse al sentido de la propia vida permite acceder a la comunión con el otro y con el Otro*, Enrique y Mercedes Montalt Alcayde
92. *El milagro de vivir despierto. Ser nadie, cumbre de la madurez*, Rafa Redondo
93. *Felicidad tóxica. El lado oscuro del pensamiento postivo*, Rafael Pardo (2ª ed.)
94. *Duelo digital y coranavirus*, José Carlos Bermejo

95. *Encuentros con el silencio,* Julio Zarco Rodríguez
96. *Metáforas para la consciencia,* Pepa Horno - Ilustr.: Zaida Escobar (2ª ed.)
97. *Dar gracias. Oraciones para humanizar la cotidianeidad,* José Carlos Bermejo
98. *Humanizar. Humanismo en la asistencia sanitaria,* José Carlos Bermejo, María Pilar Martínez, Marta Villacieros
99. *El mundo en que vivimos. La conciencia y el camino del alma,* Wilfried Nelles
100. *Humanizar la soledad. Comprenderla y acompañarla,* Consuelo Santamaría, José Carlos Bermejo (2ª ed.)
101. *Un camino sin atajos. Duelo por el suicidio de un ser querido,* A. Rocamora (Dir.)
102. *El sanador herido. Humanizar las relaciones de ayuda,* José Carlos Bermejo
103. *Profundidad humana, fraternidad universal. La espiritualidad no-dual,* Enrique Martínez Lozano
104. *El ser humano, un ser espiritual,* Javier Urra (3ª ed.)
105. *La vida de Jesús y sus enseñanzas,* Manuel Segura
106. *Mindfulness para cristianos,* Rafael Pardo
107. *Oraciones para humanizar cada día,* José Carlos Bermejo
108. *El arte de mirar y escuchar desde el Corazón,* José María Toro
109. *Gratitud,* Rafael Redondo
110. *Escucha y consuelo. La palabra que sana,* José Carlos Bermejo
111. *Declive de la religión y futuro del evangelio,* José María Castillo (2ª ed.)
112. *Motivación y salud,* José Carlos Bermejo
113. *Pérdidas y comprensión ¿Cómo vivir los duelos?,* E. Martínez Lozano (2ª ed.)
114. *En tus manos encomiendo mi espíritu. Tu cayado me acompaña,* Rafa Redondo
115. *Mujeres sacerdotes, ¿cuándo? Diálogos en torno al sacerdocio de las mujeres,* Mª José Arana (2ª ed.)
116. *La vida íntima,* Javier Urra
117. *Cuando muere la persona amada,* Enrique Martínez Lozano
118. *Un resplandor inesperado. Relatos de transformación espiritual basados en hechos reales,* Ricardo Fernández Aguilà
119. *Acoger al niño o niña interior. Reconectar con el propio valor y la propia bondad,* Enrique Martínez Lozano (2ª ed.)
120. *Profesionales compasivos. La aceptación incondicional en las relaciones de ayuda,* Ana Martínez-Cuevas, José Carlos Bermejo y Pilar Barreto Martín
121. *Meister Eckhart. El libro del consuelo y conforte Divino,* José Carte
122. *La presencia del Jesús interior,* Rafa Redondo
123. *Duelo e inteligencia artificial,* José Carlos Bermejo
124. *Supervisión y counselling. Una aproximación desde la práctica,* José Carlos Bermejo y Rosa María Belda
125. *Vivir sin culpa. Reconocer la inocencia, descansar en la confianza,* Enrique Martínez Lozano